Barry Tomalin

CULTURE SMART!
FRANÇA

Tradução
Celso R. Paschoa

1ª edição

Rio de Janeiro-RJ / Campinas-SP, 2013

Editora: Raïssa Castro
Coordenadora Editorial: Ana Paula Gomes
Copidesque: Maria Lúcia A. Maier
Revisão: Tássia Carvalho
Projeto gráfico: Bobby Birchall
Diagramação: André S. Tavares da Silva

Título original: *Culture Smart! France*

ISBN: 978-85-7686-248-2

Copyright © Kuperard, 2003, 2013
Todos os direitos reservados.

Culture Smart!® é marca registrada de Bravo Ltd.

Tradução © Verus Editora, 2013
Direitos reservados em língua portuguesa, no Brasil, por Verus Editora. Nenhuma parte desta obra pode ser reproduzida ou transmitida por qualquer forma e/ou quaisquer meios (eletrônico ou mecânico, incluindo fotocópia e gravação) ou arquivada em qualquer sistema ou banco de dados sem permissão escrita da editora.

Verus Editora Ltda.
Rua Benedicto Aristides Ribeiro, 55, Jd. Santa Genebra II, Campinas/SP, 13084-753
Fone/Fax: (19) 3249-0001 | www.veruseditora.com.br

Imagem da capa: © iStockphoto
Imagens das seguintes páginas reproduzidas sob a licença Atribuição-Compartilhalgual 3.0 Não Adaptada do Creative Commons: 14 © Wladyslaw (talk); 16 © Gilbert Bochenek; 35 © Lunakh; 44 © Urban at fr.wikipedia; 62, 134 © 2005 David Monniaux; 63 © Zil; 71 © Thesupermat; 75 © Traumrune; 80 © Georges Biard; 89 © Joseph Plotz; 95 © Hu Totya; 98 © Glorfindel rb; 109 © Efaucon; 114 © ERNOUF Guillaume; 120 © Manuguf; 129 © MOSSOT; 137 © Marie-Lan Nguyen; 159 © Dupondt
Imagens das seguintes páginas reproduzidas sob a licença Atribuição-Compartilhalgual 2.5 Genérica do Creative Commons: 25 © Louis le Grand; 48 © Nitot; 65 © Marie-Lan Nguyen / Wikimedia Commons / CC-BY 2.5
Imagens das seguintes páginas reproduzidas sob a licença Atribuição-Compartilhalgual 2.0 Genérica do Creative Commons: 55 © Nozav; 84 © jean-louis zimmerman; 94 © Andre Engels; 103 © jurvetson; 116 © Mike_fleming; 119, 124 © Josh Hallett from Winter Haven, FL, USA; 127 © denisparis; 130 © Chris Waits; 132 © Razvan Orendovici from United States; 157 © Florian Plag from Bretten; 163 © Teofilo
Imagem da página 53 reproduzida sob a licença Atribuição-Compartilhalgual do Creative Commons © Jorge Royan / http://www.royan.com.ar / CC-BY-SA-3.0
Imagem da página 122 reproduzida sob a licença Atribuição-Compartilhalgual 2.0 França do Creative Commons © Fabien1309
Imagem da página 161 reproduzida sob a licença CC0 1.0 Dedicação de Domínio Público Universal do Creative Commons © Jebulon

CIP-BRASIL. CATALOGAÇÃO NA FONTE
SINDICATO NACIONAL DOS EDITORES DE LIVROS, RJ

T599c

Tomalin, Barry
  Culture Smart! França / Barry Tomalin ; tradução Celso R. Paschoa. - 1. ed. -
Campinas, SP : Verus, 2013.
    il. ; 18 cm   (Culture Smart! ; 1)

  Tradução de: Culture Smart! France
  Inclui índice
  ISBN 978-85-7686-248-2

  1. França - Viagens - Guias. 2. França - Usos e costumes. I. Título. II. Série.

13-00416   CDD: 914.436
                                                        CDU: 913(443.61)

Revisado conforme o novo acordo ortográfico

Impressão e acabamento: Prol Editora Gráfica

Sobre o autor

Barry Tomalin é escritor, orientador e palestrante especializado em conscientização cultural e comunicação internacional. Atua como diretor de treinamento cultural da International House e como palestrante convidado da Academia de Diplomacia da Universidade de East Anglia, em Londres, onde é responsável pelas áreas de conscientização cultural e comunicações internacionais.

Ex-produtor e apresentador da BBC Internacional, trabalhou em mais de sessenta países, incluindo França, Argélia e as nações francófonas da África Ocidental. Além de *Culture Smart! França*, ele é autor do guia *Culture Smart! Alemanha*.

Sumário

Mapa da França	7
Introdução	8
Dados importantes	10
Capítulo 1: NAÇÃO E POVO	**12**
• Dados geográficos	12
• Os franceses: uma breve história	19
• O governo	37
• A Zona do Euro	39
• A França e os Estados Unidos	40
Capítulo 2: VALORES E ATITUDES	**42**
• Mudando as regras do jogo – uma cultura de perguntas	42
• A sociedade de ideias	43
• Estilo francês	45
• Ser francês	46
• Família em primeiro lugar	50
• Comportar-se corretamente	51
Capítulo 3: COSTUMES E TRADIÇÕES	**56**
• Igreja e Estado	57
• Feriados	60
• Celebrações durante o ano	61
Capítulo 4: FAZENDO AMIGOS	**68**
• Conhecendo imigrantes	70
• Conhecendo os franceses	70
• Convites para visitas	72
• Hábitos sociais	77
• Língua	82
• A arte da conversação	85

Capítulo 5: A CASA FRANCESA   **88**
- O lar   88
- A família   92
- O ensino   95
- O serviço militar   100
- O cotidiano francês   100

Capítulo 6: ENTRETENIMENTO   **102**
- Compras   102
- *Les grands spectacles*   104
- *Le cinéma*   105
- Os cafés   105
- Comida   107
- Vinho   110
- Que restaurante escolher?   111
- Almoço e jantar   113
- *La vie culturelle* (a vida cultural): museus e passeios   117
- O cenário artístico   118
- *La vie sportive* (a vida esportiva): lazer e esportes   119
- U3A   121
- *Le piquenique* e *le camping*   121

Capítulo 7: VIAGENS   **122**
- Viagens de carro   122
- SNCF   127
- Passeios em Paris   128
- Onde se hospedar   131
- Viagens ao exterior   133

Capítulo 8: RECOMENDAÇÕES NOS NEGÓCIOS   **134**
- Empresas e governo   134
- Os chefes franceses   135

Sumário

- Mulheres no comando — 137
- Fazendo contatos — 138
- Formalidades — 139
- Regras para conquistar bons contatos — 141
- Tempo, agendas e prazos — 144
- Marcando uma reunião — 145
- Negociações — 148
- Contratos — 150
- Almoços de negócios — 151

Capítulo 9: COMUNICAÇÃO — **152**
- Cara a cara — 152
- Linguagem corporal — 155
- *La langue franglaise* (a língua franco-inglesa) — 157
- Comunicação convencional e eletrônica — 158
- Conclusão — 162

Recursos — **164**
Leitura recomendada — **165**
Índice remissivo — **166**

Mapa da França

Introdução

Os franceses são "diferentes". De modo geral, você vai ouvir essa afirmação em conversas entre os "anglo-saxões", como os franceses gostam de chamar os que têm o inglês como idioma nativo. "Diferente" quer dizer charmoso, desafiador, pouco cooperativo, inquiridor, que faz as coisas do seu próprio jeito e para o seu próprio benefício.

Assim, o que os torna tão diferentes? Como você faz para abordá-los com o intuito de conhecê-los? Evidente é que os franceses têm um senso agudo de identidade nacional, que advém de sua história e de sua língua. A França foi uma potência colonial considerável, com interesses mundo afora. Aliás, a língua hegemônica da diplomacia internacional do século XVII ao XIX foi o francês.

A Revolução Francesa alterou o curso da história. Acima de tudo, a França se vê como uma das primeiras nações que colaboraram para termos uma vida civilizada – graças à sua cozinha, a seus monumentos, a seus escritores, artistas, compositores, cientistas, exploradores e matemáticos. Não é possível compilar uma lista da literatura mundial sem os grandes nomes franceses. Poucos países dispõem dessa riqueza regional, tanto do ponto de vista cultural como do geográfico. A contínua influência cultural francesa deve-se, em grande parte, a suas consistentes tentativas de dominar a esfera intelectual mais alta, refletindo a insistência no pensamento lógico e a paixão pela especulação filosófica.

A França sempre se supera nas investidas em assuntos internacionais, e cuidadosamente protege seus interesses e seu prestígio, com frequência se opondo à opinião mundial. No entanto, os franceses constantemente se perguntam o que significa ter essa identidade, ainda que afirmem essa diferença e uma essencial superioridade sobre todas as outras nações.

Para muitos estrangeiros, a essência da "natureza francesa" é o compromisso com a qualidade de vida. Ser francês significa saber instintivamente o limite entre trabalho e prazer, e jamais permitir que um se sobreponha ao outro. De fato, a ideia de que os franceses podem se tornar viciados em trabalho inspira um desalento exacerbado entre observadores solidários.

Ao examinar as atitudes e os valores dos franceses e explicar como funcionam os negócios e a vida francesa, este livro mostra a você como se encaixar nesse contexto como estrangeiro. São dados conselhos práticos de como evitar as armadilhas e de como fazer as coisas do modo francês, além de obter resultados à medida que se vai praticando. Você é apresentado à história francesa, a suas celebrações e tradições, além de conhecer como é a vida doméstica desse povo, nas estradas, nos restaurantes e no trabalho. Deixamos para você imaginar como se comportam os franceses enamorados! Acima de tudo, vamos lhe mostrar como eles se comunicam e como extrair o máximo desse povo, às vezes frustrante, mas completamente charmoso e fascinante.

Dados importantes

Nome oficial	República Francesa	A França é membro pleno da Otan e da União Europeia, e um dos cinco países-membros permanentes do Conselho de Segurança da ONU
Capital	Paris	População: 9,8 milhões
Principais cidades	Lyon, Marselha, Lille, Toulouse, Bordeaux	
Área	543.965 km²	Maior país da Europa Ocidental
Geografia	Formato hexagonal. Faz fronteira com Bélgica, Luxemburgo, Alemanha, Suíça, Itália e Espanha	Grande diversidade de paisagens
Clima	Temperado, variando com o relevo, e mediterrâneo ao sul	
Moeda	Euro	O franco foi substituído pelo euro em 1º de janeiro de 2002
População	63 milhões	
Composição étnica	Franceses, de descendência céltica e latina, 86%; minoria basca no sudoeste; estrangeiros, 14% (incluindo de outros países da UE e imigrantes do norte da África)	
Idioma	Francês	Línguas regionais, incluindo o basco, o bretão, o catalão e o provençal
Religião	Católicos 90%; islâmicos 5%; protestantes 2%; judeus 1%; outras 2%	

Governo	República unitária e democracia multipartidária, com eleições para presidente e primeiro-ministro. Parlamento bicameral, distribuído em Assembleia Nacional e Senado	A França é dividida em cem departamentos, dos quais 96 estão no próprio território e quatro no exterior
Mídia	A França tem diversos canais de TV e rádios estatais, complementados por vários canais comerciais	Jornais regionais e nacionais. Os jornais mais conhecidos são *Le Monde*, *Le Figaro* e *Liberation*
Mídia de língua inglesa	O *Le Monde* apresenta um caderno semanal em língua inglesa extraído do *New York Times*	
Eletricidade	110 ou 220 volts	São usados plugues de dois pinos. Aparelhos que não tenham essa configuração devem usar adaptadores
Vídeo/TV	Sistema Secam	TVs pelo sistema NTSC não operam na França
Domínio na internet	.fr	
Telefone	O código identificador da França é 33	Para fazer ligações da França para o exterior, disque 00
Fuso horário	UTC/GMT + 1 hora No verão, UTC/GMT + 2 horas	Quatro horas à frente do horário-padrão brasileiro, e três ou cinco horas à frente se for época de horário de verão no Brasil e/ou na França

Capítulo **Um**

NAÇÃO E POVO

Douce France
Cher pays de mon enfance.

"Doce França, querido país de minha infância."
Era assim que cantava o *crooner* francês Charles Trenet em 1943. Após setenta anos, os charmes gentis da França continuam encantando.

DADOS GEOGRÁFICOS

A França é o país que tem a maior extensão territorial da Europa Ocidental, atrás apenas da Rússia – 543.965 km², incluindo a Córsega –, e, apesar de abrigar uma

população de 63 milhões de habitantes, tem-se a impressão de que é menos povoada do que os outros países europeus. Setenta e cinco por cento da população mora nas principais cidades, mas 25% dos franceses vivem atualmente no campo e a cultura regional ainda é muito forte.

Do ponto de vista geográfico, a França se estende das planícies onduladas do norte e do leste, e do elevado platô no Maciço Central, ao sul montanhoso e ao paraíso mediterrâneo da Côte d'Azur; das cordilheiras de montanhas do Jura e dos Alpes, no leste, ao oceano Atlântico no oeste, e os Pirineus no sudoeste. O país tem formato hexagonal. *L'Héxagone*, *La France Métropolitaine* e *La Métropole* são os três modos pelos quais os franceses se referem a seu país para distingui-lo dos *Départements d'Outre Mer* (DOMs) (departamentos ultramarinos) ou dos *Territoires d'Outre Mer* (TOMs) (territórios ultramarinos).

Os quatro DOMs são Martinica, Guadalupe, Guiana Francesa e ilha da Reunião. Os TOMs são Mayotte, no oceano Índico, Nova Caledônia, ilhas Wallis e Futuna e Polinésia Francesa, no Pacífico, os territórios antárticos franceses, e Saint-Pierre e Miquelon, nas proximidades da costa canadense. Em conjunto, são uma prova viva da variedade e da diversidade do antigo império ultramarino francês. Cerca de dois milhões de cidadãos franceses moram no exterior, dos quais um milhão vive em várias regiões da Europa e meio milhão nos Estados Unidos.

Também é importante lembrar que a França mantém laços estreitos com suas ex-colônias francófonas no norte da África, particularmente Argélia, Tunísia e Marrocos; na África Ocidental, principalmente Senegal, Costa do Marfim e Camarões; e na Indochina, particularmente Vietnã e Laos.

Na França continental vivem cerca de quatro milhões de cidadãos estrangeiros, dos quais 1,5 milhão é composto de cidadãos da União Europeia. A França responde por 16% da população total da União Europeia.

Na área continental, a França é delimitada a oeste pelo Canal da Mancha (em francês, *La Manche*) e banhada pelo oceano Atlântico, e a sudeste, pelo mar Mediterrâneo. O país é separado da Espanha pelos Pireneus (literalmente, "nascido do fogo"), e da Suíça e da Itália pelos Alpes e pelo Jura. A leste, o rio Reno separa a França da Alemanha. Somente no nordeste não há fronteiras naturais separando a França de Luxemburgo, Alemanha e Bélgica. O país abriga a montanha mais alta da Europa – o monte Branco (4.867 m).

Os rios e as montanhas são um modo simples de situar uma vila ou região. São cinco os *fleuves* (rios) principais. Paris fica às margens do rio Sena. O Loire é famoso por seus *châteaux* (castelos) renascentistas, e foi o coração da civilização francesa no século XVI. O Reno, ao leste, separa a província de Alsácia da Floresta Negra, na Alemanha, e foi durante muito tempo um

território disputado acirradamente pelos dois países. Estrasburgo, casa do parlamento europeu, na Alsácia, agora simboliza uma nova era de paz. O Rhône desce pela Suíça, cruza o lago de Genebra e altera o curso em Lyon, correndo em seguida para o sul. Marselha está situada no delta mediterrâneo. Finalmente, o Garonne corre da Espanha na direção de Toulouse, ponto em que vira para o noroeste para fluir rumo ao Atlântico. Bordeaux situa-se às margens do Garonne, a alguns quilômetros antes de se fundir com o Dordogne para formar o estuário de Gironde.

Cidades

As seis principais cidades francesas são Paris, a capital, no norte, Lyon, Marselha, Lille, Toulouse e Bordeaux. Paris sozinha abriga cerca de dez milhões de habitantes, mas nenhuma das outras grandes cidades tem população superior a 1,5 milhão de habitantes.

Há quatrocentos mil franceses residentes na Inglaterra, dos quais trezentos mil vivem em Londres. Esse dado estatístico fez com que o ex-presidente francês Sarkozy apelidasse Londres de a quinta cidade francesa (sexta, atualmente, pelo número de residentes franceses).

Clima

A França é totalmente abençoada por um clima temperado, mas, em virtude de seu tamanho e de sua topografia, há variações entre o extremo calor do verão no Mediterrâneo e no sul, e o frio gelado dos Alpes no sudeste durante o inverno. Basicamente, há três tipos de clima: oceânico, no oeste, onde o país é banhado pelo oceano Atlântico; continental, no leste e no interior do país; e mediterrâneo, no sul. Nas regiões norte e oeste,

as temperaturas sofrem pequenas variações, por causa da influência da corrente do Golfo. Em Paris, por exemplo, as temperaturas oscilam de 3 ºC, em janeiro, a 23 ºC, em julho e agosto.

No sul, as diferenças são maiores. Sopram ventos moderados no inverno, mas, no verão, o clima pode ser insuportavelmente quente e seco, com riscos de seca e incêndios florestais. Os melhores meses para viajar pelo país são maio, junho, setembro e outubro.

O Mistral

De particular interesse é o Mistral, um vento forte e gelado que sopra no inverno e na primavera e que afeta o humor dos franceses. Começa como uma frente fria que se move descendo pela França, acumulando ar nos Alpes, antes de serpentear pelo funil do vale do Rhône rumo à Riviera Francesa e ao golfo do Leão. As pessoas no sul geralmente reclamam de depressão quando sopra o Mistral. Alega-se, inclusive, um aumento no número de suicídios durante o período dessa corrente de vento.

Administração

A administração da França é caracterizada por alto grau de centralização e hierarquia. Está sediada em Paris, apesar das tentativas de descentralização do poder para outras regiões entre 1972 e 1986. O país é dividido em cem *départements* (departamentos), dos quais 96 se situam no território francês e quatro no exterior. Os departamentos continentais são numerados de 1 a 95. (A Córsega tem dois, A e B, o que explica a discrepância entre os números 95 e 96.)

Os departamentos são agrupados em regiões administrativas maiores. Há 22 regiões na parte continental (incluindo a Córsega) e mais cinco ultramarinas. Os territórios de ultramar mantêm laços fortes com a França. Por exemplo, a Guiana Francesa, Martinica, Guadalupe e Reunião utilizam o euro como moeda corrente.

Os departamentos são dispostos por ordem alfabética e numerados. Os números são utilizados como códigos postais e, também, como identificação das placas de carros. Dessa forma, numa placa de carro, os dois últimos dígitos, 75, significam que são de Paris, e uma carta endereçada a "75006 Paris" será entregue em um endereço no sexto *arrondissement* (distrito) em Paris.

Os departamentos foram introduzidos após a Revolução Francesa, em 1789, mas a maioria dos franceses se identifica pelo nome de sua região, como é o caso da Bretanha, da Normandia, da Alsácia ou da Provença. O nome regional imediatamente remete a um tipo de paisagem, clima, tradição, cozinha e modo

de falar. As regiões francesas detêm uma grande variedade de cultura, costumes, tradições culinárias e relativas à produção de vinhos.

A exemplo de outros países, há uma diferença entre as regiões norte e sul da França. Os habitantes do Norte reconhecem que *les gens du midi* (sulistas) falam e se vangloriam demais, são expansivos, fazem amizade facilmente, apesar de certa superficialidade, não são pontuais e jamais se apressam. Os sulistas, em contrapartida, reconhecem que *les gens du nord* (nortistas) são frios, trabalhadores árduos, antissociais e difíceis de travar amizade – mas, quando o fazem, é para toda a vida.

Uma das coisas mais marcantes que você vai experimentar na França é a rivalidade entre a *Métropole* (Paris) e *La France profonde* (o restante do país). Isso se dá em parte porque a França é muito centralizada e a administração está sediada em Paris, mas também porque o estilo de vida parisiense é visto como muito diferente da vida rotineira no restante do país.

Lucy Wadham aborda essa questão em *The Secret Life of France* da seguinte forma: "A identidade rural francesa, apesar do centralismo entrincheirado da elite dominante em Paris, está viva e bastante atuante. De fato, uma das coisas mais espantosas sobre a dupla natureza da França (urbana e rural) é a extensão pela qual uma existe perfeitamente isolada e sem conhecimento da outra".

OS FRANCESES: UMA BREVE HISTÓRIA

"Breve" não é uma palavra que deva ser aplicada à história francesa, que teve influência imensurável na cultura e no pensamento mundiais. Vale lembrar que durante três séculos o francês foi a língua internacional da diplomacia e do intercâmbio intelectual; que a França teve um império imenso, com postos avançados na América, na Índia, no Extremo Oriente, na África e no Caribe, até por volta da década de 1960; que diversas línguas, inclusive o português, estão impregnadas de palavras de origem francesa; e que a Guerra da Independência Americana recebeu o apoio de tropas francesas e lançou o estopim para a épica Revolução Francesa em 1789. Filósofos, escritores, artistas e músicos franceses, como Descartes, Pascal, Rousseau, Voltaire, Sartre, Renoir, Matisse, Bizet e Debussy, fazem parte do patrimônio cultural do mundo, e os diretores de filmes franceses mantêm uma tradição de criatividade revolucionária.

Os romanos

A França foi um dos primeiros países unificados da Europa. Os habitantes de origem celta eram conhecidos coletivamente como gauleses. Havia cerca de quatrocentos povos diferentes, que falavam mais de 72 idiomas distintos. Após uma série de campanhas, o imperador romano Júlio César finalmente conseguiu a pacificação dos gauleses, em 51 a.C. Ele os descreveu em seu *De bello gallico*, e uma de suas frases, "Vim, vi, venci", tornou-se famosa.

Uma das mais inventivas criações de quadrinhos da França atual é Asterix, o Gaulês, o bravo e pequeno celta, cuja aldeia sobrepuja os estúpidos romanos em todas as oportunidades, e cujo idioma é uma mistura maravilhosa de latim e francês moderno. Sua expressão de surpresa, *Ils sont fous, ces Romains!* ("São loucos esses romanos!"), tornou-se um lema. O Parc Astérix, ao norte de Paris, é um parque temático nacional semelhante à Disneylândia. É justo dizer, no entanto, que a Disneylândia, em Marne La Vallée, próximo de Paris, tirou o brilho e até mesmo a influência do Asterix em Roissy, embora uma consulta ligeira no TripAdvisor forneça resenhas favoráveis a ambas as atrações.

Diz-se que Júlio César efetivamente queria se tornar comandante no Danúbio, na região central da Europa, e não nos arredores provinciais da França, mas foi atraído para o oeste pela perspectiva de ouro local, capaz de saldar suas vultosas dívidas. Uma lei romana na França instituiu a língua latina, uma versão do que acabaria se tornando o francês moderno, e também impôs um sistema de leis uniforme.

Ainda podem ser vistas muitas ruínas romanas, especialmente no sul. Há o aqueduto Pont du Gard, em Arles, a arena de disputas, em Nîmes, e o Musée de Cluny, no Quartier Latin parisiense, situado numa antiga casa de banhos romana.

De Clóvis a Carlos Magno

Após a retirada final romana no século V, a França foi conquistada pelos francos, povo germânico oriundo da Pomerânia, no Báltico. Clóvis, o primeiro rei franco a converter-se ao cristianismo, foi batizado em Reims, em 496. Os francos dominaram a Europa Ocidental por mais de três séculos.

Os sucessores de Clóvis, a dinastia merovíngia, optaram por deixar a administração sob os cuidados de seus bispos e condes, escolhidos da aristocracia galo-romana. Entre as famílias poderosas que atuavam como agentes dos reis – ocupando o posto de prefeitos do palácio real – estava Carlos Martelo. Ele conseguiu conter mais uma vez a invasão moura da península Ibérica em Poitiers, em 732, e, em seguida, instaurou uma nova dinastia dominante. Seu filho, Pepino, o Breve, usurpou o trono franco, instituindo, dessa forma, a dinastia carolíngia, e o filho de Pepino, Carlos Magno (Carlos, o Grande), passou a ser um grande monarca pan-europeu.

Carlos Magno foi coroado imperador do Sacro Império Romano no dia de Natal do ano 800, em Roma. O Império Franco incluía o rei Lombardo da Itália, extensas partes da Alemanha e uma fronteira (província fronteiriça) na região dos Pirineus, ao norte da Espanha. O império se desintegrou após sua morte, mas, à época de Carlos Magno, três raízes étnicas do povo francês – francos, celtas e romanos – se fundiram para formar uma única nação. No entanto, um governo central pouco atuante permitiu que a alta nobreza se tornasse virtualmente independente da monarquia. Sob uma instituição franca, a "Lei Sálica", as mulheres eram proibidas de reinar ou de transmitir o direito ao trono, o que passaria a ser a causa

da significativa rivalidade franco-britânica. Entretanto, por mais sexista e atrasada que possa parecer essa lei nos dias atuais, vale lembrar que Carlos Magno, que sabia ler, mas não escrever, estimulou em sua Corte o ensino e a educação das crianças.

Rivalidade franco-britânica

A França e a Grã-Bretanha, como é de esperar de duas nações separadas por uma faixa de água de 35 km, entraram em conflito várias vezes. Um dos motivos é que os reis ingleses, a partir do século XI, quiseram se apoderar de algumas das regiões mais ocidentais da França.

Júlio César invadiu a Grã-Bretanha partindo da França em 55 a.C., e a próxima grande conquista foi a de Guilherme, duque da Normandia, em 1066 d.C. Desse momento em diante, os monarcas anglo-normandos alegaram direitos em relação a extensas faixas de terra francesas. Durante a Guerra dos Cem Anos, entre a França e a Inglaterra, de 1337 a 1453, a líder inspiradora da resistência francesa, Joana D'Arc, foi

vendida aos ingleses e queimada num poste em Rouen, em 1431. As reivindicações inglesas quanto ao solo francês se concretizaram somente quando a administração civil e as Forças Armadas inglesas se retiraram da Normandia, após as batalhas de Formigny, em 1450, e Castillon, em 1453. Ainda assim, a Inglaterra só desistiu de Calais em 1558.

Nos séculos subsequentes, a França abrigou candidatos ao trono inglês, tais como Maria, rainha da Escócia, Carlos II e Jaime Stuart. Essa rivalidade cresceu com a formação dos grandes impérios europeus. No século XVII, a França se tornou a primeira potência da Europa, com colônias e entrepostos ao redor do mundo inteiro. Na Guerra dos Sete Anos (1756-1763), o país perdeu a maioria de suas colônias na Índia e no Canadá para a Inglaterra. Em 1940, enquanto a Inglaterra celebrava a eficiente evacuação de trezentos mil soldados britânicos de Dunquerque, sob a iminente invasão dos alemães, a França lamentava esse evento como uma traição cínica que deixara simplesmente quarenta mil soldados franceses à mercê do Exército de Hitler. Waterloo, uma das principais estações ferroviárias de Londres, comemora a derrota do "ditador Napoleão" em 1815. Em contrapartida, a Gare d'Austerlitz, uma das principais estações ferroviárias de Paris, comemora a famosa vitória do imperador Napoleão em 1805, após o que ele aboliu o Sacro Império Romano-Germânico, em 1806.

Catolicismo e protestantismo
Embora a França não tenha uma religião oficial, noventa por cento de sua população segue os preceitos da Igreja Católica Romana. Na segunda metade do

século XVI, as guerras civis entre nobres foram travadas segundo bandeiras religiosas, católicos contra protestantes (ou, como estes eram chamados, huguenotes). O país teve apenas um monarca protestante, Henrique de Navarra, que, com o título de Henrique IV, tornou-se o primeiro rei da dinastia Bourbon. Ele estabeleceu a paz e se converteu ao catolicismo para ascender ao trono. Suas palavras, "Paris vale uma missa", ecoaram pelos séculos. Depois das sangrentas guerras religiosas, Henrique IV, em 1598, garantiu aos protestantes a liberdade de devoção e a segurança individual. Em 1610, foi assassinado por um católico fanático, que o feriu mortalmente com uma facada no olho.

Nos anos subsequentes, os direitos dos protestantes foram sendo progressivamente desprezados, até que, em 1685, com a revogação do Decreto de Nantes por Luís XIV, foram oficialmente suprimidos. Isso acarretou a imigração em massa de cerca de quatrocentos mil huguenotes, que levaram suas aptidões industriais para a Holanda, a Inglaterra, a Alemanha, a Carolina do Sul e o Canadá, e até ao distante sudoeste da África. Ainda hoje são encontradas, em algumas das casas de campo do Loire, passagens subterrâneas conectando castelos ao porto de Nantes, onde botes eram ancorados para ajudar os huguenotes durante a fuga.

Em 1764, as perseguições foram diminuindo, dando lugar a maior leniência para com os colonizadores católicos franceses no Canadá, e, após a Guerra da Independência dos Estados Unidos, Jefferson e Lafayette obtiveram, em 1788, tolerância oficial para com os protestantes franceses.

Em 1797, os ideais igualitários da Revolução Francesa foram finalmente consolidados, e a discriminação religiosa chegou ao fim no país. Em 1802, a Igreja Huguenote foi, mais uma vez, oficialmente reconhecida. O lema republicano *Liberté, Egalité, Fraternité* (Liberdade, Igualdade, Fraternidade) adorna monumentos, moedas, escolas e prefeituras por toda a França até os dias de hoje.

A monarquia Bourbon

O maior monarca francês de todos os tempos foi Luís XIV, o Rei Sol, que reinou por quase 73 anos, de 1643 a 1715. Enquanto a Inglaterra passava por uma guerra civil e sofria pela execução de seu rei, Carlos I, Luís XIV tornou-se um monarca absolutista, governando por "direito divino". Sufocou uma revolta de seus próprios nobres, com o apoio dos moradores de Paris, numa guerra civil denominada "a Fronda", e emergiu com o controle total do país, tendo o poder centrado nele próprio e em seu magnífico palácio em Versalhes. Luís XIV era patrono das artes e presidiu

uma era dourada das ciências, das artes e das letras francesas. Foi a grande época do drama clássico francês, de Corneille, Racine e Molièrc, cujas peças ainda são representadas ao estilo tradicional no teatro da Comédie Française de Paris. Foi sob o seu reinado que a cultura francesa passou a ser o modelo para todas as nações civilizadas da Europa.

Luís XV, o frívolo e libertino sucessor do Rei Sol, deixou de lado seus afazeres de ofício e buscou escape na sensualidade. O governo tornou-se mais arbitrário e sem objetivos, e uma série de longas guerras quase levou o país a uma derrocada econômica. Ficou famoso por suas amantes, uma das quais, madame de Pompadour, foi efetivamente primeira-ministra por cerca de vinte anos.

Seu sucessor foi o bem-intencionado, mas pouco eficiente, Luís XVI, deposto durante a Revolução Francesa e executado em 1793, seguido no mesmo ano por sua esposa, a princesa austríaca Maria Antonieta. O filho do casal, Luís XVII, o Delfim, morreu adoentado na prisão Temple, em Paris, em 1795.

A Revolução Francesa (1789-1799)

A Revolução de 1789 foi o divisor de águas da história da França. Em maio daquele ano, Luís XVI convocou uma reunião da praticamente inativa Assembleia dos Estados Gerais (o parlamento francês), em Versalhes, para discutir a reforma financeira do Estado. Nessa reunião, exasperados pela incapacidade de Luís XVI de controlar a pobreza e a instabilidade econômica e de reconhecer as aspirações da ascendente classe média urbana, os representantes da terceira das três categorias (nobres, clero e "comuns") declararam-se unilateralmente uma Assembleia Nacional e fizeram o famoso Juramento do Jogo da Pela, para redigir uma nova Constituição.

Boatos de que haveria planos reais para dissolver essa Assembleia levaram a distúrbios em Paris e à queda da prisão da Bastilha, símbolo do despotismo dos Bourbons. O Exército se uniu aos revolucionários, e a revolta constitucional relativamente limitada foi,

então, dominada por um movimento de massas que varreu a velha ordem, levando à criação de uma república democrática.

A Revolução Francesa é celebrada no Dia da Bastilha, em 14 de julho.

A Assembleia aboliu o sistema feudal e publicou uma "Declaração dos Direitos do Homem e do Cidadão". Para captar receitas, confiscou as propriedades da Igreja, colocando o clero na folha de pagamento do Estado. O governo local foi reformado, e coroou-se a separação dos poderes legislativo, executivo e judiciário na primeira Constituição escrita europeia, com base nas convicções e ideias racionais desenvolvidas pelos *philosophes* (filósofos) franceses.

Em 1791, o rei tentou escapar de Paris, mas foi recapturado. A invasão da Áustria e da Prússia em apoio à monarquia selou o seu destino. O governo foi destituído, uma convenção nacional foi eleita por sufrágio universal e, em 22 de setembro de 1792, foi promulgada a República. O rei Luís XVI foi acusado de conspirar com o inimigo, sendo condenado à morte.

A Convenção estava inicialmente dividida entre os girondinos, relativamente moderados, e os jacobinos, republicanos mais radicais. Em 1793, no entanto, foram delegados poderes ao infame Comitê de Salvação Pública, liderado por Robespierre, um jacobino extremista, e teve início um reino do terror. O uso da guilhotina para cortar a cabeça de aristocratas, e também de revolucionários, deixou uma série indelével de imagens no cenário histórico. A instabilidade, a violência e as execuções em massa conduzidas durante os sucessivos regimes revolucionários originaram uma série de histórias românticas, dentre as quais provavelmente a mais famosa seja *O pimpinela escarlate*.

Em 1794, Robespierre foi deposto e executado, além de ser criado um Diretório executivo, de caráter moderado, composto por cinco membros. O desejo francês de exportar os princípios da Revolução, bem como a determinação da Bretanha, da Áustria e da Rússia de contê-la, levou a outra guerra europeia, gerando uma das figuras mais definidoras da França e da Europa – Napoleão Bonaparte. Em 1799, o Diretório foi dissolvido por um golpe de Estado, instituindo-se um Consulado de três membros. O jovem general Bonaparte foi apontado como primeiro-cônsul, com poderes especiais.

O Império Napoleônico
Nascido na Córsega em 1769, Napoleão Bonaparte galgara as fileiras do Exército revolucionário para tornar-se seu mais brilhante general, concebendo uma série de vitórias assombrosas contra os poderes

antirrevolucionários da Europa continental, e quase obteve êxito ao invadir a Inglaterra. A frota franco-espanhola foi derrotada pelo poderio marítimo britânico, em 1805, na Batalha de Trafalgar, perto da costa do sudoeste espanhol, onde o almirante britânico Lord Nelson morreu. Resoluto, Napoleão moveu imediatamente suas tropas para consolidar vantagens terrestres e, depois de dois meses, sobrepujou os austríacos e os russos em Austerlitz. No ano seguinte, venceu os prussianos em Jena.

Nas questões domésticas, Napoleão restaurou a lei e a ordem e fez grandes reformas internas, incluindo a fundação do Banco da França e um acordo, ou concordata, com a Igreja Católica. Uma nação agradecida fez dele cônsul vitalício em 1802. Dois anos depois, na presença do papa Pio VII, Napoleão se coroou imperador da França em uma cerimônia dramática encenada na Catedral de Notre-Dame, tornando-se, portanto, o sucessor simbólico de Carlos Magno. (Diz-se que o jovem Beethoven ficou tão irritado com esse ato que rasgou a dedicatória para Napoleão do manuscrito de sua sinfonia *Eroica*.)

De 1799 a 1815, Napoleão dominou a Europa, nomeando membros da própria família para chefes de Estado em vários países. O império que ele criou na Europa Ocidental, no entanto, foi distinto de qualquer outro, sendo governado de acordo com as reformas básicas da Revolução Francesa.

Napoleão proporcionou a seus cidadãos uma experiência de vida completamente nova, com um governo moderno e centralizado, disseminando os princípios da Revolução até para seus inimigos.

Incapaz de sobrepujar a superioridade britânica no mar, lançou uma campanha econômica contra a indústria e o comércio ingleses, conhecida como "sistema continental". Essa guerra comercial foi difícil de ser sustentada. Sobreveio, então, sua desastrada invasão da Rússia, em 1812, na qual sua *Grande Armée*, de seiscentos mil combatentes, foi dizimada pelo inverno russo, sobrevindo em seguida derrotas pesadas na Alemanha e na Espanha, após o que as forças aliadas da Inglaterra, Rússia, Áustria e Prússia convergiram para a França, em 1814. Napoleão abdicou do poder e foi exilado na ilha de Elba, no Mediterrâneo. Em 1815, fugiu, aportou em Cannes e fez uma marcha triunfal em direção ao norte, rumo a Paris. A batalha decisiva foi travada próximo de Waterloo, na Bélgica, onde o imperador finalmente sucumbiu a uma coalizão de forças aliadas sob o comando de Arthur Wellesley, duque de Wellington. Napoleão morreu no exílio, na ilha de Santa Helena, no Atlântico sul, em 1821.

O grande legado deixado por ele para a França reside no *Code Napoléon* (Código Napoleão), que consolidou a maior parte das reformas legais da Revolução, permanecendo a base da legislação francesa, com certo senso de grandiosidade ou superioridade cultural. Ele também implementou os princípios de administração por toda a Europa, o sistema francês das *Grandes Écoles* (Grandes Universidades) e de condução (de carroças) pela mão direita!

Napoleão também deixou sua própria dinastia. Embora a monarquia Bourbon fosse restaurada em 1815, ela não perdurou. Havia um número grande de reformas, estimuladas pelas filosofias políticas do liberalismo e do nacionalismo revolucionários, pelo idealismo romântico promovido por poetas e escritores e pelas mudanças sociais provocadas pela crescente Revolução Industrial.

Em 1830, uma insurreição armada em Paris, liderada por editores e jornalistas liberais, depôs o reacionário Carlos X, da dinastia Bourbon, em favor de seu primo, Luís Felipe, "o Rei Cidadão". Todavia, sua monarquia liberal deixou de satisfazer as demandas democráticas, e, em 1848, outra revolução, que privilegiava o sufrágio universal masculino, instaurou a Segunda República Francesa. Uma onda colossal de reformas agora passava pela Europa.

Nos salões internos da Assembleia Nacional, conflitos entre liberais e socialistas deram ao sobrinho do grande Napoleão – príncipe Luís Napoleão Bonaparte – a oportunidade de se apresentar como líder nacional unificador. Ele foi eleito presidente em 1848, e, em 1852, proclamou o Segundo Império, adotando o nome de Napoleão III.

O Segundo Império Napoleônico

Durante o reinado de Napoleão III, de 1852 a 1870, a França prosperou, cresceu e mais uma vez passou a ser uma potência proeminente na Europa. No exterior, reconstruiu seu império colonial. No entanto, perto do fim de seu reinado, erros custosos na política exterior ameaçaram esses feitos, e o país passou por um momento de tensão com a unificação política da Alemanha sob liderança prussiana.

Do outro lado do Atlântico, para escorar seu prestígio cada vez menor, em 1862 Napoleão III violou a doutrina Monroe de não interferência na esfera americana de influência, ao promover o arquiduque Maximiliano de Habsburgo a imperador do México, numa experiência de imperialismo democrático. As tropas francesas de Maximiliano foram logo submetidas pelas táticas de guerrilha do presidente radical Benito Juarez, e, quando os Estados Unidos, emergindo da Guerra Civil, reafirmaram sua oposição, elas foram reconvocadas. Maximiliano foi capturado e morto a tiros na Cidade do México, e Napoleão III saiu do episódio fortemente humilhado.

O pior acontecimento foi o conflito entre França e Prússia. A França foi manipulada para entrar na guerra pelo astuto estadista prussiano Otto von Bismarck, sendo derrotada na Batalha de Sedan, em 1870, na qual o próprio Napoleão foi capturado. Em Paris, as notícias do desastre geraram a proclamação de uma nova república, a Terceira República Francesa.

A Comuna de Paris

Na incerteza que se seguiu à derrota em Sedan, gerou-se grande intranquilidade em Paris. O Exército germânico agora cercava a cidade e, em 1871, Bismarck instalava o novo Império Germânico numa cerimônia realizada no Salão dos Espelhos, no palácio de Luís XIV, em Versalhes. Durante o cerco, foi formada uma assembleia nacional provisória pelos republicanos da ala esquerdista e os socialistas, que juraram continuar a luta contra o inimigo. Foi instaurada a Comuna de Paris, uma representação da Assembleia Jacobina radical de 1793, e em oposição à Assembleia Nacional dos direitistas, que se reunira em Versalhes para concluir um tratado de paz, cedendo a Alsácia e a Lorena para a Alemanha. Esse movimento revolucionário socialista foi brutalmente esmagado pelas tropas de Versalhes em maio de 1871, com dezenas de milhares de mortes.

As duas guerras mundiais

O expansionismo alemão levaria diretamente às duas guerras mundiais do século XX. Ambas foram travadas parcialmente em solo francês, e é possível visitar alguns dos locais que concentram trincheiras da Primeira Guerra Mundial no nordeste da França, bem como as praias da Normandia, onde tropas aliadas desembarcaram em 1944 para resgatar a Europa Ocidental de Hitler.

A França foi um pilar central da aliança contra a Alemanha na Primeira Guerra Mundial e, com isso, sofreu enormemente. Um quarto de todos os homens franceses entre 18 e 27 anos foi morto – 1,4 milhão de homens –, e mais quatro milhões foram feridos. Pelos termos do tratado de paz imposto sobre a Alemanha em 1919, no mesmo Salão dos Espelhos em Versalhes, a Alsácia e a Lorena voltavam ao domínio francês.

A Segunda Guerra Mundial produziu mais um "forte líder" francês – dessa vez, personificado pelo general Charles de Gaulle, que liderou o governo da França Livre no exílio em Londres e comandou o movimento da resistência francesa, ou *maquis*. A Terceira República perdurou até a invasão da França pela Alemanha nazista, em 1940. A metade sul do país foi então governada por um regime colaboracionista em Vichy, sob as ordens do marechal Pétain, até 1942, quando os alemães ocuparam todo o território francês. De Gaulle, que se recusou a aceitar a trégua de 1940, emitiu um comunicado à nação para que continuasse lutando. O movimento de resistência travou uma guerrilha contra a ocupação germânica, e as tropas da França Livre combateram com o apoio das forças aliadas. As feridas pelos anos de guerra perduram até hoje na França.

Descolonização

Nos anos caóticos que se seguiram à Segunda Guerra Mundial, a Quarta República francesa foi marcada por mudanças rápidas de governo e instabilidade política, além de insurreições coloniais. As colônias da Indochina – Laos, Camboja e Vietnã –, que tinham sido libertadas pelos japoneses e entregues de volta à França, embarcaram em disputas pela independência (1946--1954). Esses movimentos nem tinham terminado quando irrompeu a Guerra da Independência da Argélia (1954-1962). A Argélia tinha uma população de origem árabe, outra formada por berberes e uma expressiva população de colonizadores franceses. Para a França, a colonização sempre fora um processo de absorver territórios ultramarinos, impondo-lhes o estilo de vida francês da forma mais absoluta possível – língua, cultura, hierarquia etc. Em 1954, os argelinos se revoltaram contra essa imposição, e a guerra selvagem resultante causou problemas enormes tanto na Argélia quanto, cada vez mais, na vida francesa. Como resultado, o governo caiu, e, em 1958, a França convocou Charles de Gaulle – seu líder em tempos de guerra – para se tornar o primeiro-ministro.

De Gaulle proclamou a Quinta República, nomeando a si mesmo como o primeiro presidente, em

1959, e consolidando o poder executivo nas mãos presidenciais. Para a fúria dos colonizadores franceses, ainda declarou que a Argélia deveria se tornar um país independente, com governo autônomo. Muitos desses colonos retornaram à França, principalmente para o sul, sendo conhecidos como *pieds noirs* (pés negros), e um número crescente de argelinos também migrou para a França a fim de trabalhar nas fábricas. A guerra argelina deu início a uma cadeia de reações a ponto de, no fim, em 1959-1960, virtualmente todas as ex--possessões coloniais conquistarem a independência. A Argélia se tornou independente em 1962.

O general De Gaulle deixou o cargo em 1969 e morreu em 1970. Seu sucessor, Georges Pompidou, é mais bem lembrado por seu interesse em arquitetura. O Centro Pompidou, em Paris, é um dos complexos de artes mais influentes do país. Após a morte de Pompidou, ainda na função, Valéry Giscard d'Estaing foi eleito presidente (1974-1981), seguido pelo socialista François Mitterrand, que cumpriu dois mandatos (1981-1994), antes de morrer de câncer, em 1996. Ele foi sucedido em 1995 por seu primeiro-ministro, Jacques Chirac, que venceu uma investida de Jean-Marie Le Pen, líder do ultraconservador Partido da Frente Nacional, e conquistou um segundo mandato de cinco anos em 2002.

Em 14 de julho de 1989, a França celebrou o bicentenário da República com um piquenique de cerca de mil km de extensão, formando uma fileira de toalhas de mesa com padrão identicamente colorido que cobriu o país de norte a sul.

Jacques Chirac saiu do governo após um segundo mandato em 2007. (Os presidentes franceses costumavam governar por sete anos, mas em 2000 esse período foi abreviado para cinco anos.) Seu sucessor foi Nicolas Sarkozy, um presidente com descendência franco-húngara que apresentou um programa "de 'ruptura' com o passado para promover uma França mais democrática, um triunfo do bom senso sobre a ideologia", como ele o descreve.

Notavelmente, Sarkozy não se formou nas *Grandes Écoles* (Grandes Universidades), tradicional fonte fomentadora da elite política e de servidores públicos franceses.

Eleito como presidente reformista contra a oponente socialista, Ségolène Royal, ele sancionou mais de sessenta reformas no primeiro ano de mandato, mas sofreu pela fraca imagem pública, em virtude do divórcio bastante público de sua esposa, Cécilia, e do novo casamento com a cantora pop e *socialite* Carla Bruni. Seu estilo de vida de celebridade e o excesso no uso de joias lhe renderam a reputação de presidente

Bling-Bling.* Seus índices de popularidade despencaram, e Sarkozy não conseguiu sobreviver à crise financeira de 2008 na Europa. Em 2011, perdeu a eleição presidencial para o socialista, porém formado pela *Grand École*, François Hollande.

A França contemporânea é composta de pessoas das mais variadas nacionalidades e detém um número significativo de imigrantes do sul da Europa, do norte da África e do Vietnã. Há aproximadamente 2,5 milhões de imigrantes, que formam uma pequena, mas substancial, parte da população total.

O GOVERNO

Charles de Gaulle disse certa vez: "Os franceses somente serão unificados sob a ameaça de algum perigo. Ninguém pode simplesmente unificar um país que tem 265 tipos de queijo".

A França é uma república multipartidária. O chefe de governo é o primeiro-ministro, e o chefe de Estado, o presidente. Este é eleito para um mandato de cinco anos por sufrágio direto universal. Ele indica o primeiro-ministro e, sob a recomendação deste, os outros membros do governo. O primeiro-ministro preside o Conselho dos Ministros, promulga Atos do Parlamento, é comandante em chefe das Forças Armadas e pode dissolver a Assembleia Nacional e exercer poderes emergenciais em uma crise.

O primeiro-ministro define a política nacional e a conduz sob a direção do presidente. Cabe também a ele, como chefe de governo, implementar a legislação.

---

* Termo criado pela mídia, com caráter pejorativo, que indica que se trata de uma pessoa pertencente à classe dos novos-ricos. (N. do T.)

Isso pode gerar situações embaraçosas, como a que ocorreu entre o presidente Chirac, de centro-direita, e seu primeiro-ministro socialista, Lionel Jospin, em que ambos tinham sérias divergências de fundo político.

O Parlamento francês (*Parlement*) abriga duas casas. A casa superior é o Senado (*Sénat*), que consiste de 321 membros eleitos por sufrágio indireto universal para um mandato de nove anos. Um terço dos senadores é reeleito de três em três anos. A Assembleia Nacional tem 577 membros, que são eleitos por sufrágio direto universal para um mandato de cinco anos. Ambas as casas são responsáveis pela elaboração e aprovação das leis. No caso de desacordos, cabe à Assembleia Nacional tomar a decisão final.

Dez partidos disputaram a eleição presidencial francesa em 2012. Os seis principais foram: Partido Socialista (François Hollande); União por um Movimento Popular (Sarkozy); Frente Nacional (Jean-Marie Le Pen); Frente de Esquerda (Jean-Luc Mélenchon); Movimento Democrata (François Bayrou); e Partido Verde (Eva Joly).

Mélenchon foi de fato o candidato do Partido Comunista francês. Para povos acostumados a sistemas com dois ou três partidos, geralmente é uma surpresa ver o interesse significativo de partidos minoritários e a influência política na França tanto dos partidos de direita, a exemplo do Frente Nacional, como dos de esquerda, comunistas.

Como vimos, a França é governada segundo um sistema legal civil nacional – o *Code Napoléon* (Código Napoleão). Um impacto desse código está nos contratos, que são de modo geral mais curtos que os de outros países, bastando aos franceses simplesmente recorrerem a uma cláusula no referido código.

O sistema governamental francês culmina no Judiciário. A mais alta corte de apelação é o *Conseil d'État* (Conselho de Estado), que julga a legalidade dos atos constitucionais e administrativos e aconselha o governo sobre a redação de leis. A mais alta corte judicial é a *Cour de Cassation* (Corte de Cassação), que pode "engavetar" ou anular julgamentos e remeter casos a novas audiências para os 35 tribunais de apelação, a fim de que se tenha um novo julgamento.

A ZONA DO EURO

A França é membro pleno da Otan e foi um dos países fundadores da Comunidade Econômica Europeia em 1956, ideal patrocinado por um francês – Jean Monnet. A União Europeia acabou tendo a liderança de outro francês, Jacques Delors, e o Parlamento europeu está sediado na cidade francesa de Estrasburgo. As leis e as diretivas da União Europeia são debatidas no Parlamento francês e incorporadas às leis e práticas francesas. Em 1º de janeiro de 1999, o euro tornou-se uma moeda global e, depois de três anos, substituiu o franco francês como moeda oficial do país.

Politicamente, a França, ao lado da Alemanha, lidera o grupo da Zona do Euro e também exerce a influência mais significativa nos assuntos europeus, a qual não se restringe somente a esse continente. Em 2011, a ex-ministra francesa das Finanças, Christine Lagarde, tornou-se diretora-gerente do Fundo Monetário Internacional, substituindo Dominique Strauss-Kahn, também francês.

A FRANÇA E OS ESTADOS UNIDOS

Os franceses tendem a agrupar os americanos e os britânicos em um único termo, "os anglo-saxões", subestimando a natureza multirracial tanto dos Estados Unidos como, cada vez mais, da Grã-Bretanha. O país, no entanto, nutre uma afeição antiga pelos Estados Unidos, evidenciada pela ajuda francesa à Revolução Americana e pelo apoio dos americanos à França nas guerras mundiais e depois delas. A França se beneficiou da ajuda financeira americana após a Segunda Guerra Mundial e também da adoração dos artistas e escritores americanos pela cultura francesa desde a década de 1920 até a atualidade. Por exemplo, na casa do grande artista impressionista Claude Monet, em Giverny, na Normandia, há uma exibição permanente do trabalho de impressionistas norte-
-americanos.

Muitos veteranos americanos e suas famílias fazem peregrinações anuais a fim de visitar os cemitérios próximos de Caen e as praias da Normandia, onde forças americanas, inglesas, canadenses, francesas e da Commonwealth desembarcaram em 6 de junho de 1944, na Operação Overlord, para libertar a Europa Ocidental da ocupação germânica.

A propósito, alguns estadistas americanos tiveram fortes conexões com a França. Antes da Revolução, Benjamin Franklin foi enviado pelo Congresso a Paris para negociar um tratado, em 1776. Após negociar um acordo comercial e uma aliança defensiva, foi designado o único plenipotenciário para a França, em 1778, permanecendo no posto até 1785. Thomas Jefferson foi o embaixador dos EUA na França de 1785 a 1789. E, é claro, a mulher de John F. Kennedy nasceu como Jacqueline Bouvier, de ascendência francesa.

Essa afeição tem sido ligeiramente reduzida pela invasão do inglês americano nas indústrias de TI (tecnologia da informação) e na música, e pela incursão do McDonald's na cena gastronômica francesa. Mais séria, talvez, seja a preocupação francesa com o perigo da globalização liderada por corporações americanas, e as recentes dificuldades enfrentadas por uma famosa multinacional francesa, a Vivendi Universal, talvez tenham servido para enfatizar esse ponto.

Como são os franceses? Em que acreditam? Que princípios regem suas vidas? Esses são os temas do próximo capítulo.

Capítulo **Dois**

VALORES E ATITUDES

A França é diferente. Quanto a isso, todos concordam. O que nem todos concordam é sobre quais são essas diferenças, embora ninguém duvide de que elas existam. O provérbio *l'exception française* – a exceção francesa – indica que, independentemente de quaisquer normas, a França age segundo suas próprias regras e, acima de tudo, protege seus próprios interesses. Isso também significa que as coisas francesas são mais bem feitas quando são os franceses que as fazem.

MUDANDO AS REGRAS DO JOGO – UMA CULTURA DE PERGUNTAS

Dentro de certos limites, os outros países europeus aceitam as situações conforme elas se apresentam e perguntam: "Qual a melhor forma de atingir determinado resultado?" Os franceses, de antemão, perguntam por que tal resultado deve ser atingido. Frequentemente, esse espírito argumentativo e questionador remete todos de volta à fase de planejamento, causando atrasos de horas, dias ou semanas. Essa é uma das razões pelas quais as populações dos outros países europeus muitas vezes se sentem frustradas com a intransigência do povo francês.

A SOCIEDADE DE IDEIAS

Parte da prontidão em questionar vem da própria educação francesa. Na França, "intelectualismo" não é uma palavra feia. Os alunos franceses estudam filosofia como parte da grade curricular e, no último ano do *lycée*, ou ensino médio, fazem um exame escrito de filosofia de quatro horas. A intenção desse teste é promover a autorreflexão, uma das portas para o ensino superior. Os estudantes são ensinados a pensar logicamente e a debater ideias. Os franceses são mais tolerantes à falta de praticidade do que à inconsistência argumentativa.

Em qualquer discussão, eles partem de uma afirmativa e prosseguem logicamente até chegar a uma conclusão. Os franceses o criticarão mais pela lógica imperfeita do que por soluções nada práticas, e serão teimosos na sustentação das próprias ideias, a menos que você possa encontrar um meio de demonstrar que a lógica deles está errada ou que há uma solução lógica alternativa.

René Descartes (1596-1650), filósofo e matemático francês, é conhecido como "o pai da filosofia moderna". Ele codificou o sistema francês do pensamento lógico – a lógica cartesiana. Sua citação mais famosa é: "Penso, logo existo".

Parte do resultado dessa abordagem acadêmica é a proficiência dos franceses em teoria e, particularmente, no raciocínio matemático. Um clichê já desgastado apresenta um francês transformando a frase "Funciona na teoria, mas vai funcionar na prática?" em "Pode funcionar na prática, mas vai funcionar na teoria?". As ideias, a teoria e a lógica são muito importantes para os franceses.

Na França é importante ser *sérieux* (sério), qualidade necessária, por exemplo, em um *cadre*, ou gerente sênior. Portanto, o estudo, a inteligência e a eloquência são valorizados. Ser *sérieux* significa também ter uma atitude profissional. Um termo francês usado para criticar é *Ce n'est pas sérieux* ("É uma piada – nada profissional"). Assim, se um francês acusá-lo de não ser sério, significa que você não está agindo profissionalmente, e não que você não tem palavra.

Esse pensamento abstrato e a paixão pela ordem racional são mostrados na ordenação da natureza nos famosos jardins projetados por Le Nôtre* em Versalhes e no Louvre, no século XVII. Todavia, seria um erro

---
* André Le Nôtre (1613-1700), um dos grandes nomes do paisagismo francês do século XVII. (N. do T.)

confundir a paixão francesa pelo racionalismo com um desejo por sistemas claros, diretos e práticos.

Os franceses vivem alegremente com aparentes contradições. Eles não veem nenhuma incongruência em manter tubulações antiquadas no banheiro e instalar os equipamentos mais modernos na cozinha. Ou em viajar de carro por longas distâncias para desfrutar um almoço de apenas duas horas, combinar a adoração pelo campo com a tolerância a espaços escuros e apertados, permitir a entrada de cães (às vezes, com roupas de veludo) em restaurantes em que se proíbem crianças, ou usar perfumes caros, mas não se importar com desodorantes.

ESTILO FRANCÊS

Os franceses combinam lógica com perspicácia, senso de humor e elegância. Eles gostam de brincar com as palavras, fazer retóricas e sátiras, em vez de piadas de mau gosto ou comédias pastelão. Se você assistir a um programa de entrevistas na TV francesa, vai ficar impressionado com a velocidade de reação e com as observações perspicazes feitas pelos participantes. O humor em reuniões de negócios é, de modo geral, algo não esperado.

Para os franceses, é importante ter estilo e perspicácia nas apresentações. Eles detestam ser "aporrinhados". Gostam de uma boa discussão e partem para o confronto apenas por prazer. Eles precisam perceber uma validade intelectual em tudo o que fazem, e, se a atenção deles não for captada, demonstram explicitamente que estão distraídos, começam conversas paralelas, falam no celular ou se levantam e deixam a reunião.

As manifestações preeminentes do estilo francês são a culinária e a moda. A alta-costura e tudo o que a ela se relaciona – perfumes, maquiagens e acessórios – não fazem parte apenas de um setor importante, mas representam também um status icônico. Na França, é fundamental, especialmente para as mulheres, estar apropriadamente maquiada e vestida. Você vai descobrir, caso more ou trabalhe regularmente no país, que essa cultura vai influenciá-lo.

SER FRANCÊS

Os franceses geralmente são criticados por ser chauvinistas e desconfiados de outras nações. Num nível prático, trata-se meramente de interesse próprio, mas, para eles, o conceito de "natureza francesa" e *la francophonie* (francofonia, o mundo que fala francês) são importantes.

Isso não quer dizer que a França é fechada a influências externas. Pelo contrário, o país tem avidamente importado novidades de todas as partes do mundo. O fato é que, quando algo tiver sido importado, torna-se... bem, francês.

Para preservar o conceito de "natureza francesa", o país investe em projetos de prestígio que também trazem benefícios práticos, tanto para a imagem como para os negócios franceses. Eles podem variar desde explosões nucleares no Pacífico, apesar da crítica internacional, ao sucesso do Airbus, ou às maravilhas arquitetônicas do Louvre ou do Beaubourg, em Paris, ou à velocidade do TGV (*train à grande vitesse* – trem de alta velocidade) francês.

Uma construção excepcional e um triunfo dos transportes são o Túnel do Canal da Mancha – que liga a Inglaterra à França – e o serviço Eurostar, um dos principais meios de transporte entre Londres, Paris e Bruxelas (capital da Bélgica). Iniciado em 1994, o Eurostar, uma *joint venture* entre as ferrovias estatais da França e da Bélgica e a London Continental Railways, opera trens a velocidades superiores a 300 km/h. Com o tempo, a viagem entre os centros de Londres e de Paris foi encurtada de três para duas horas e quinze minutos, como resultado das novas ligações ferroviárias de alta velocidade.

Uma parte primordial de ser francês é o respeito à língua pátria. Na escola, é importante aprender a falar e a escrever francês corretamente. O francês escrito é bastante formal e atenta para a gramática, a ortografia e a pontuação corretas, e não para a livre expressão.

É importante lembrar que o francês foi a língua da diplomacia e das pessoas versadas, do século XVI ao início do XX. Em 1635, o cardeal Richelieu, ministro--chefe de Luís XIII, fundou a Academia Francesa, com a advertência: "com todo o cuidado e diligência para oferecer certas regras a nossa língua e torná-la pura, eloquente e capaz de lidar com as artes e as ciências". Ao mesmo tempo, dialetos regionais ou idiomas (chamados *patois*) foram banidos, e as crianças apanhariam na escola por falá-los – prática que continuou nos territórios coloniais franceses.

O princípio do purismo linguístico continua até hoje. A Academia Francesa é responsável pela proteção da língua e, regularmente, executa uma ação de contra-ataque em face dos horrores de palavras importadas, especialmente nos setores de TI, culinária, bebidas e na mídia. O *franglais* ("franglês") pode ser

corrente e apropriado nas ruas das grandes cidades, e o *argot*, ou gíria, tem um papel a desempenhar, mas ainda há o cuidado com as ideias e com as expressões corretas.

De acordo com a Lei Toubon (que leva o nome do ministro da Cultura, Jacques Toubon), de 1994, todas as descrições, rótulos, anúncios, instruções e sinais marcados em produtos devem vir em francês. Os nomes comerciais (marcas registradas) estão isentos dessa lei. A empresa britânica de cosméticos Body Shop foi multada por ter rótulos em inglês em seus produtos. As estações de rádio devem tocar 40% de música francesa, enquanto a TV deve manter um índice mínimo de 60% de filmes europeus, dos quais 40% devem ser necessariamente franceses. Embora a lei ainda seja aplicada nos livros estatutários franceses, permitem-se a exibição de filmes estrangeiros na *version originale* (versão original) e a transmissão de música estrangeira.

A língua não é apenas uma arma ideológica no arsenal da França de "natureza pátria". Trata-se também de um objeto de interesse genuinamente popular. Quando o governo francês propôs banir o "g" em *oignon* (cebola), as pessoas protestaram, como o fizeram na Guerra do Circunflexo, acerca do acento sobre a vogal em algumas palavras, tais como *maître* (mestre), *huître* (ostra) e *forêt* (floresta), que geralmente denota a falta de um "s", mas que tem pouco ou nenhum efeito na pronúncia. Os jogos que exploram a língua francesa na TV são tão populares como as novelas. Sete milhões de pessoas assistem a *La Grande Dictée* (O Grande Ditado), uma competição de ortografia que atrai trezentos mil candidatos.

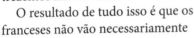

O resultado de tudo isso é que os franceses não vão necessariamente aplaudir você pelo seu francês um tanto vacilante. Eles esperam que você fale a língua deles. Se você não for ao menos razoavelmente confiante, provavelmente será melhor falar claramente em inglês e se desculpar por não ser capaz de falar francês.

A paixão francesa pela língua estende-se para a literatura. Os franceses leem de tudo, e a divisão tradicional entre política e arte é muito menos pronunciada do que em outros países. André Malraux, escritor, líder da resistência durante a guerra e político, foi um exemplo clássico, assim como o foram Lamartine, De Tocqueville e Chateaubriand, no século XIX. O presidente Jacques Chirac descreveu a poesia como "uma necessidade de nossa vida diária".

Outro segredo de ser francês é a cultura francesa. Com alguma razão, os franceses acreditam que elevaram o nome da cultura mundial nos campos da arte, da música, da pintura e da filosofia. Eles são – se você acreditar neles, e muitos acreditam – a primeira cultura civilizada no mundo.

Há também consideráveis investimentos do governo francês na disseminação da língua e da cultura nacionais, graças à Aliança Francesa e a missões culturais francesas no exterior. Acima de tudo, há o conceito de *francophonie* (francofonia), que conta com o apoio de uma organização governamental que vincula os interesses comuns de todos os países em que se fala francês. Em princípio, trata-se de uma formulação similar à Commonwealth britânica de ex-colônias, mas muito mais rigorosa na prática.

FAMÍLIA EM PRIMEIRO LUGAR

Tradicionalmente, as famílias francesas são bastante integradas. Os filhos geralmente moram com os pais até se casarem, e uma família inteira de três ou quatro gerações pode viver na mesma casa. Se isso não ocorre, a tendência é que os familiares vivam razoavelmente próximos entre si e se encontrem regularmente em almoços dominicais ou feriados. Como a família é a primeira fonte de fundos ou de parceiros em novos empreendimentos, o foco da discussão será sempre sobre negócios ou lazer.

A família francesa também é muito reservada. Você lerá mais sobre esse tópico no capítulo 5. Apenas os amigos mais íntimos são aceitos em encontros familiares, e ser convidado é uma honra muito grande.

A importância da família no nível local estende-se no nacional. A França gosta de se pensar como uma família, unida sob a bandeira francesa pela experiência e, acima de tudo, pela língua do país.

Ao mesmo tempo – lembre-se da habilidade de conviver com contradições –, os franceses sentem que a segurança familiar não é empecilho para licenças sexuais. Não se espera fidelidade conjugal. Os franceses ficam razoavelmente surpresos com o "barulho" que as mídias estrangeiras fazem sobre políticos encontrados na cama com outras mulheres ou com homens. No funeral de François Mitterrand, em 1996, sua esposa e filha praticamente dividiram a atenção com a amante do ex-presidente e a filha nascida dessa relação.

O *happy hour* habitual no final da tarde geralmente tem uma conotação diferente na França. Nesse país, é nessa hora que se executa a maioria dos afazeres! O que outros povos podem ver como indisciplina, os franceses consideram apenas mais um aspecto da vida. Contudo, eles são contrários à invasão da mídia.

Embora a França seja essencialmente um país católico, a ilegitimidade conjugal não provoca nenhum estigma (exceto entre os católicos fervorosos), e o "viver no pecado" (casais que não são casados, mas moram juntos) não é um problema.

A preocupação de todos é com a discrição, a fim de preservar a dignidade e a integridade da família.

COMPORTAR-SE CORRETAMENTE

Já foi mencionada a expressão *Ce n'est pas sérieux* ("Isso não é profissional"). Agora, há esta outra: *Ce n'est pas correct* ("Não é correto comportar-se assim"). Na França, a etiqueta é importante. Por exemplo, você não diz apenas *Bonjour* ("Bom dia"). Você deve dizer: *Bonjour, monsieur* ("Bom dia, senhor") ou *Bonjour, madame* ("Bom dia, senhora"). Adicionar os termos "senhor" ou "senhora" é o comportamento correto. Omiti-los é incorreto, para não dizer vulgar.

Os franceses dão uma lição importante nesse aspecto, e, quanto mais cedo você aprender as regras, melhor. Infelizmente, a familiaridade do "Olá" ou do "Tenha um bom dia" não é considerada um comportamento correto. Os franceses tendem a considerar as roupas e os modos americanos descuidados, ingênuos e pouco sofisticados, e zombam dos ingleses por se vestirem mal e não terem nenhum senso de *savoir faire* (como se comportar numa sociedade educada).

No entanto, a França não está imune à cultura de celebridades ou à moda norte-americana. A US Ivy League e os esportes influenciaram as roupas, e a marca Abercrombie & Fitch teve lançamento oficial na Champs-Élysées, em Paris, em 2011, assim como sua marca afiliada, Hollister, nas províncias. O resultado: a utilização disseminada de camisetas e moletons da A&F e da Hollister por adolescentes franceses.

Para os franceses, comportar-se corretamente não significa necessariamente sorrir e ser educado. Pode significar a indiferença neutra, não admitir quando você está errado ou, acima de tudo, entender os muitos esnobismos sociais que ainda persistem na sociedade francesa.

A Revolução Francesa não conseguiu criar uma completa igualdade, quer de nascimento, quer de oportunidade. O que o movimento fez foi substituir o poder do monarca e da aristocracia pelo poder da *bourgeoisie* (burguesia), exatamente sua intenção inicial.

Na França contemporânea, a *haute bourgeoisie* (alta burguesia), ou classe média alta, é uma casta tanto quanto seus predecessores aristocráticos, liderando o país no governo e nas corporações, frequentando as principais universidades e escolas de treinamento e gravitando entre o governo e as empresas mais renomadas. Ser o "filhinho" ou, num número cada vez mais crescente, a "filhinha do papai" ainda facilita a trajetória pelos mais altos escalões das empresas ou da política.

Os *bonnes bourgeoisies*, ou profissionais de classe média, são os jovens de "boas" famílias que estão ascendendo nos negócios ou na política. Apelidados de *bon chic bon genre* (ou BCBG – algo como "bom estilo, boa atitude"), estes são os que ascenderão rapidamente se tiverem comportamentos adequados.

A *petite bourgeoisie* (pequena burguesia) é representada pelas classes ligadas ao comércio. De modo geral, elas são mantidas a uma distância social, e uma das razões pode ser o relacionamento mais estreito existente entre comerciantes, artesãos e operários. Um exemplo tradicional poderia ser o de um casamento "socialmente vantajoso" entre uma trabalhadora rural e o professor local da escola primária. Mas há o sentimento generalizado de que a pessoa deve se manter em seu próprio grupo.

A população francesa tem crescido substancialmente nos últimos vinte anos e, embora não sejam compiladas estatísticas étnicas no país, tem havido um aumento significativo na imigração de habitantes de países francófonos da África Setentrional – argelinos, marroquinos e tunisianos –, bem como da África Ocidental.

Esse influxo tem pressionado os recursos estatais e gerado alto índice de desemprego, além de exclusão social, geralmente nos *banlieues*, ou periferias mais afastadas das grandes cidades. Os problemas vividos por esses grupos têm gerado intranquilidade social, inclusive manifestações e alguns tipos de desordem.

Durante uma visita a uma dessas periferias, na região suburbana de Paris, o presidente Nicholas Sarkozy reconhecidamente prometeu varrer essas *racailles*

(turbas) da área. Em 2004, ele encomendou um relatório oficial para analisar os problemas dos *banlieues*, ou *cités* (cidades), à medida que esses guetos étnicos cresciam em número. Quando se tornou presidente, em 2007, nomeou Fadela Amara, filha de imigrantes, para ministra das Cidades e, em 2008, lançou a iniciativa Hope Banlieue (Esperança para o Banlieue). De tendência socialista, Amara deixou o governo em 2010.

Outro ponto importante, que afeta particularmente os imigrantes muçulmanos vindos das Áfricas Setentrional e Ocidental, foi o banimento do nicabe e da burca em locais públicos, inclusive em escolas, em 2012. Essa medida controversa foi criticada por "aprisionar" muçulmanas devotas em suas casas, precipitando protestos, prisões e multas. Esse fato também provocou um aumento nas alegações de racismo e discriminação e estimulou as demandas do Partido da Frente Nacional para que houvesse um controle mais rígido da imigração.

Capítulo **Três**

COSTUMES E TRADIÇÕES

Apesar da tradição em ter um governo centralizado e unitário, a França conserva uma forte cultura regional, com grandes variedades de queijos, vinhos, esportes e modos de vida. Muitos franceses que você conhecerá vão se identificar mais com suas regiões nativas, tais como a Bretanha, a Alsácia ou a Provença, do que com a cultura nacional francesa tipificada por Paris. O país tem a maior taxa do mundo de famílias que dispõem de uma segunda casa, sendo que a maioria pertence a pessoas que moram ou trabalham em Paris, ou nas regiões circunvizinhas, mas cujas raízes familiares estão nas províncias.

É importante notar que tem havido um movimento significativo para descentralizar as funções governamentais pelas províncias. A infraestrutura francesa em telecomunicações e um transporte supereficiente têm facilitado muito mais a administração de empresas bem-sucedidas nas províncias do que era habitual no passado.

Os idiomas regionais ainda são falados em algumas áreas da França – o bretão na Bretanha, o flamengo no nordeste, o alemão na Alsácia, dialetos espanhóis no sudoeste e o corso na Córsega. Cerca de 21% dos franceses alegam que falam bem, e 14%, que falam relativamente bem algum tipo de idioma regional.

A França é uma nação economicamente progressista em muitos aspectos, mas é também bastante conservadora do ponto de vista cultural – valores sociais, cultura familiar, gastronomia (culinária e enologia) e certos hábitos sociais, como o *café society* (hábito de frequentar cafés), mantêm um forte senso do que se deve ou não fazer, expressos como *correcte* (correto) ou *pas correcte* (incorreto).

No entanto, o país está mudando, à medida que o *café society* independente e tradicional se vê desgastado por redes internacionais e a legislação social muda o conceito de família tradicional.

O importante a respeito da vida francesa, conforme descreve a escritora Agnes Poirier, é o conceito de autenticidade. As pessoas valorizam a "experiência francesa" e não desejam perdê-la. Essa é uma das características que fazem com que a França seja tão atraente e o país mais visitado da Europa, com cerca de oitenta milhões de visitantes em 2011, de acordo com o Índice de Turismo Mundial das Nações Unidas.

IGREJA E ESTADO

A França não tem uma religião oficial, mas mais de 90% da população é composta de católicos. Dessa forma, o país observa tanto os feriados religiosos como os seculares. Na França, a Igreja e o Estado são oficialmente separados, e a Igreja Católica não recebe nenhuma subvenção direta do governo. A Igreja gere várias escolas privadas, mas parcialmente financiadas pelo Estado. Apenas 5% da população francesa é de protestantes, mas o país tem uma das maiores populações judias da Europa – cerca de setecentas mil pessoas (principalmente da África Setentrional) – e mais de um milhão de muçulmanos.

A palavra que resume as relações entre a Igreja e o Estado na França é *laïcité* (laicismo). Isso significa que o país é neutro em questões de crença e se recusa a dar prioridade a uma em particular. Todavia, para todos os efeitos práticos, a França é um país católico. No passado, quando o catolicismo foi a religião oficial da monarquia francesa, a nação era considerada a "filha mais velha da Igreja". Napoleão concluiu uma concordata com o papa Pio VII, em Roma, em 1801, que regulava as relações com o papado. Essa condição se manteve até 1905, quando a Igreja e o Estado foram legalmente separados. Na Alsácia e na Lorena, regiões que faziam parte da Alemanha em 1905, a concordata ainda tem o valor de lei. A Universidade de Estrasburgo, na Alsácia, é a única escola com um Departamento de Teologia que tem corredores separados para as seções católica e protestante. A Alsácia é o único departamento que paga aos rabinos, pastores e padres salários iguais aos dos professores. O ensino de religião na França é proibido nas escolas estatais, e há preocupação sobre demonstrações externas de religião.

No entanto, a liturgia católica afeta profundamente a vida diária e, claro, os feriados. De acordo com ela, cada dia é dedicado a um santo da Igreja Católica, cujo nome você pode ter. Assim, no dia do seu nome, você tem a opção de tirar um dia de descanso. Cada cidade é devotada a um santo, e esse dia pode ser motivo para um feriado. Afinal de contas, nesse país, o nome do dia do santo acompanha a previsão meteorológica na TV. E, no feriado de St. Jacques (são Tiago), o apresentador o cumprimentará com um *Bonne fête Saint Jacques* ("Boa festa de são Tiago").

Ainda que a população seja predominantemente católica, o comparecimento nas igrejas está caindo para cerca de 10% da população em Paris e 15% no restante do país, com comparecimento menor na faixa etária de 18 a 35 anos. Na maioria das localidades francesas, no entanto, você achará uma congregação religiosa em que a missa é celebrada em francês, às vezes em inglês e até mesmo em latim. Caso queira encontrar serviços religiosos que atendam a essas especificações, contate a *mairie* (prefeitura), o *Syndicat d'Initiative* (Centro de Informação) ou o *Office de Tourisme* (Departamento de Turismo). Você também poderá encontrar informações sobre igrejas e serviços religiosos nas *pages jaunes* (páginas amarelas) ou na internet, com os títulos de *églises* (igrejas) ou *cultes* (centros religiosos).

O interessante é que, apesar da queda na frequência às igrejas, as famílias ainda batizam seus filhos, celebram a Primeira Comunhão, quando os jovens fazem 12 anos, e os casamentos. Essas são ocasiões sociais muito especiais para a família e os parentes, vistas como parte de uma boa criação e socialização, bem como denotam uma expressão da fé religiosa.

O islamismo desempenha um papel cada vez mais importante na vida francesa. Cerca de um milhão de muçulmanos vivem no país, particularmente vindos da África Setentrional, e, embora não haja festas islâmicas reconhecidas nacionalmente, o período do Ramadã e as festas de Id el Fitr e Id el Kebir são cerimônias importantes na vida islâmica francesa.

FERIADOS

A França respeita quem trabalha arduamente, mas não os viciados em trabalho. A palavra de ordem é: "Trabalhe com afinco, mas desfrute a vida".

OS FERIADOS NACIONAIS NA FRANÇA		
Data	**Nome em português**	**Nome em francês**
1º de janeiro	Ano-Novo	*Jour de l'An*
Março/abril	Domingo de Páscoa/ Segunda-Feira de Páscoa	*Pâques*
1º de maio	Dia do Trabalho	*Fête du Travail*
8 de maio	Dia da Vitória (Segunda Guerra Mundial)	*Fête de la Libération*
Início de maio (quarenta dias após a Páscoa)	Ascensão	*Ascension*
Fim de maio	Domingo de Pentecostes/ Segunda-Feira de Pentecostes	*Pentecôte*
14 de julho	Dia da Bastilha	*Fête Nationale*
15 de agosto	Assunção da Virgem Maria	*L'Assomption de la Sainte Marie*
1º de novembro	Dia de Todos os Santos	*Toussaint*
11 de novembro	Dia do Armistício	*Armistice 1918*
25 de dezembro	Natal	*Noël*

Se um feriado cai numa terça ou quinta-feira, os franceses normalmente *font le pont* (emendam) e tiram um fim de semana prolongado.

Oficialmente, a França adota um regime de trabalho de 35 horas por semana. De fato, os franceses trabalham mais do que isso, mas têm uma quantidade razoável de feriados nacionais e regionais. Também têm

direito a um período de férias mais longo que no Brasil
– cinco semanas ao ano.

CELEBRAÇÕES DURANTE O ANO
Natal
As festividades começam na véspera de Natal, quando
as famílias decoram suas árvores e, se forem católicas,
participam da missa do galo. Essa cerimônia é chamada
"José, Maria e os anjos" (*Joseph, Marie et les anges*). Na
volta para casa, elas celebram o *réveillon*, uma ceia
repleta de comidas tradicionais, que variam de região
para região e podem incluir *foie gras* (fígado de ganso
ou pato preservado na própria gordura), *huîtres*
(ostras) ou panquecas de trigo-mouro e frutos do mar,
na Bretanha. Na Alsácia, você pode comer ganso, e na
Provença, peixe. Ainda na Provença, as casas
tradicionais podem servir treze tipos de sobremesa,
com os nomes de diferentes ordens religiosas –
agostinas, beneditinas, franciscanas etc. Essas
sobremesas consistem basicamente de várias tortas e
preparações com frutas secas.

Uma refeição típica pode incluir uma entrada de
ostras (que têm sua melhor safra nessa época do ano),
seguida por *charcuterie* (frios) e provavelmente *foie
gras*. O prato principal pode ser ganso, frango-capão ou
peru, servidos com castanhas, seguido de salada, um
prato de queijos e bolo cortado em fatias. Trocam-se
habitualmente os presentes na véspera de Natal ou,
segundo a tradição da família, no próprio dia de Natal
ou até no Dia de Ano-Novo. Eles são abertos ao redor
da árvore ou do presépio natalino, geralmente enquanto
a família escuta cânticos de Natal. *Père Noël* é o nome
para o Papai Noel. O cumprimento entre as pessoas no

Natal é feito com *Joyeux Noël* ("Feliz Natal"). As famílias católicas montam o presépio e o deixam armado entre a véspera de Natal e o dia 6 de janeiro, a Epifania, ou *Les Rois Mages* (Dia de Reis), quando as imagens dos três reis são adicionadas para completar a representação religiosa.

A exemplo de muitos países católicos, o Natal é a época em que se monta o presépio na rua principal da cidade e em que se encenam peças natalinas.

Ano-Novo

O Ano-Novo é uma ocasião muito especial para os franceses, com celebrações na noite anterior e uma farta ceia familiar, com convites estendidos a amigos. De modo geral, serve-se peru com castanhas no dia do Ano-Novo. Para cumprimentar as pessoas nessa ocasião, diga *Bonne année* ("Bom ano") e espere o mesmo como resposta.

O santo padroeiro do Ano-Novo é são Silvestre, e essa festa eventualmente é chamada de *St. Sylvestre* em homenagem a ele. No centro de Paris, impede-se a circulação de carros nessa noite, e as ruas ficam lotadas de gente. É um cenário maravilhoso, com todas as decorações e também os monumentos iluminados. Contudo, não espere encontrar um táxi para voltar para casa, a menos que o tenha contratado com antecedência.

Véspera do Dia de Reis
Como em muitos países católicos, a véspera do Dia de Reis assume especial importância, pois se comemora a chegada dos três reis magos com presentes para o menino Jesus. Embora não seja um feriado, em muitas casas é assado um bolo, denominado *la galette des rois*, no qual se insere um berloque, uma moeda ou outro objeto pequeno. Quem encontrar a surpresa é coroado rei ou rainha daquele dia.

Além das festas já mencionadas, há muitas comemorações locais. Informações sobre elas podem ser encontradas no *Office de Tourisme* ou no *Syndicat d'Initiative* da própria localidade.

Páscoa

A Páscoa é o próximo feriado mais importante, e pode cair tanto em março como em abril, sendo celebrada na tradição católica. A Sexta-Feira Santa, dois dias antes do Domingo de Páscoa, não é feriado, mas algumas lojas em certos lugares (principalmente na Alsácia e na região de Moselle) podem fechar. No sábado, as lojas reabrem, e as pessoas fazem compras para as celebrações do Domingo e da Segunda-Feira de Páscoa. Esse domingo em especial é um dos dias do ano mais movimentados na igreja, seguido pela tradicional festança gastronômica, e a segunda-feira é um dia tradicional dedicado a atividades esportivas.

Antes da Páscoa, pode haver festas locais que celebram a Terça-Feira de Carnaval e a Quarta-Feira de Cinzas, o começo da Quaresma, período de seis semanas de purificação e jejum. O Domingo de Ramos, uma semana antes da Páscoa, comemora a entrada de Cristo em Jerusalém. Essas podem ser ocasiões para missas especiais na igreja, mas não constituem feriados. Na Páscoa, é possível ouvir as pessoas lhe desejando *Joyeuses Pâques* ("Feliz Páscoa"), e você pode lhes retribuir a mesma felicitação.

1º de maio e 8 de maio

O 1º de maio é o Dia do Trabalho, comemorado com desfiles locais, e alguns dias depois, o Dia da Vitória (Segunda Guerra Mundial) celebra a libertação da Europa das forças nazistas em 1945. Essa data é particularmente importante na França, que foi parcialmente ocupada pelos alemães de 1940 a 1945. São celebradas missas, e há desfiles dos *anciens combattants* (veteranos de guerra), com suas faixas e estandartes de campanha, nas grandes cidades, perto de prefeituras ou em missas dentro de cemitérios.

Dia da Ascensão e Pentecostes

Quarenta dias após a Páscoa, o Dia da Ascensão marca a ascensão do espírito de Cristo ao céu para ocupar o seu lugar ao lado direito de Deus. É uma festa religiosa com missas e procissões. Festividades similares ocorrem no domingo e na segunda-feira de Pentecostes, as quais comemoram o dom das línguas do Espírito Santo aos doze apóstolos de Cristo, possibilitando-lhes correr o mundo disseminando sua mensagem.

14 de julho

Essa celebração nacional comemora a Queda da Bastilha em Paris, em 1789, o início efetivo da Revolução Francesa. É uma festa secular, marcada por paradas e pelo frequente toque do hino nacional francês, *La Marseillaise* (A Marselhesa), com um arsenal de fogos de artifício e espetáculos diversos nas ruas até o amanhecer.

A Assunção da Virgem Maria e o Dia de Todos os Santos

Há, ainda, mais duas festas religiosas. A Assunção, em 15 de agosto (*L'Assomption de la Sainte Marie*), celebra a ascensão da Virgem Maria ao céu. É uma das grandes celebrações, ocasião em que as famílias se reúnem.

O Dia de Todos os Santos, em 1º de novembro, celebra os mortos, e é quando as famílias visitam as sepulturas onde estão enterrados seus entes queridos, nas quais depositam flores (geralmente crisântemos).

O *Halloween* (Dia das Bruxas), muito popular entre as crianças não só dos Estados Unidos, mas cada vez mais de outros países, não é uma festividade tão destacada na França, talvez por causa da crença predominantemente católica do país. Todavia, já tem seus seguidores em algumas regiões de Paris, onde há alguma escola americana ou uma grande população de cidadãos americanos que moram atualmente no país.

Dia do Armistício

O Dia do Armistício, em 11 de novembro, comemora o fim da Primeira Guerra Mundial, combate no qual a França perdeu 1,25 milhão de pessoas. É uma data solene, para lembrar todos aqueles que perderam a vida nas duas grandes guerras ocorridas no século XX. Em Paris, nesse feriado, o presidente e os altos dirigentes da nação depositam coroas funerárias no túmulo do Soldado Desconhecido, ao pé do Arco do Triunfo. Há também cerimônias e procissões similares em memoriais de guerra espalhados pelo país.

Finalmente, retorna-se ao Natal, com todo o frenesi "anglo-saxão" e os contínuos debates sobre se o aspecto comercial está asfixiando o espírito natalino ou mantendo-o vivo.

Além dessas celebrações mais formais, a França oferece uma enorme variedade de comemorações locais, que você poderá encontrar no *Office de Tourisme* ou no *Syndicat d'Initiative* da própria localidade. Há vários costumes e tradições que as pessoas efetivamente adotam em muitas regiões da França, e nas quais você, como visitante, será bem-vindo para participar.

Capítulo **Quatro**

FAZENDO AMIGOS

Os franceses sofrem pela reputação de serem frios, arrogantes, agressivos e grosseiros. Isso, claro, não é verdade, mas eles têm efetivamente padrões sociais que podem causar problemas tanto para turistas casuais como para novos residentes. Alguns visitantes presumem que, como são "hóspedes" na França, seriam os franceses quem deveriam tomar a iniciativa de acolhê-los bem. Ao contrário, cabe aos hóspedes todo o trabalho de adaptação e ajustes. Quando os franceses reconhecem que houve algum esforço nesse sentido, você é totalmente aceito – possivelmente, mais do que o desejado!

As crianças francesas ainda são criadas para demonstrar cortesia para com os mais velhos e para preservar certo grau de formalidade. As crianças brasileiras, em contraposição, podem se expressar desde a mais tenra idade, e a educação delas geralmente fica muito a desejar. Essas duas declarações são clichês, mas uma das primeiras coisas que um visitante deve aprender sobre a França é a necessidade de ser cortês o tempo todo. Para o francês, é importante agir corretamente, e eles vão esperar ver boas maneiras também em você. Até o Hell's Angels francês tem sua etiqueta.

O olhar frio

Muitos brasileiros costumam cumprimentar estranhos com um sorriso ou um aceno de cabeça. Os franceses não vêm razão alguma para agir desse modo, e os estrangeiros no país acham isso enervante, mas não deixe que tal atitude o faça gostar menos deles.

Polly Platt, em seu livro *French or Foe?*, descreve essa característica muito bem. Não se trata de falta de educação, mas apenas do estilo francês. Sorrir sem razão alguma não é *sérieux* (sério). Um francês pode sorrir para um estranho durante um *moment de complicité* (momento de cumplicidade), quando há um prazer compartilhado em um incidente surpreendente ou inusitado observado pelos dois. Os franceses sorriem muito ao sentirem que há motivo para fazê-lo; do contrário, permanecem taciturnos. Há um relato (às vezes atribuído aos presidentes Mitterrand ou Chirac) de que, ao verem uma fotografia de seu presidente sorrindo, os franceses simplesmente deixaram de reconhecê-lo!

CONHECENDO IMIGRANTES

As grandes cidades francesas, especialmente Paris, são verdadeiras comunidades internacionais, e todos os estrangeiros têm uma coisa em comum: a necessidade de aprender francês.

Um dos melhores modos de conhecer outros estrangeiros é em aulas de francês (ver p. 82).

Paris tem sido um lar de expatriados estrangeiros há séculos, e existe um grande número de organizações de expatriados que funcionam como uma mina de informações e suporte para os recém-chegados. No fim deste livro, na seção "Referências", há uma lista dessas organizações.

Uma organização, com sede fora da capital, é a Accueil des Villes Françaises, com seiscentas afiliadas em várias cidades do país. Seu objetivo é prover centros em que os visitantes, tanto franceses como estrangeiros, podem se encontrar. O grupo local é chamado pelo nome da cidade, por exemplo, Nice Accueil, e é possível encontrar o endereço de suas afiliadas na *mairie* (prefeitura) da localidade. Para ser associado, é preciso pagar uma pequena taxa anual, e as atividades variam de cidade para cidade, mas podem incluir arte, culinária, esportes e viagens em grupos.

Para encontrar seu grupo Accueil mais próximo, acesse www.avf.asso.fr. Clique na bandeira britânica se quiser ler os detalhes do site em inglês e obtenha o endereço da associação AVF local no menu das regiões e cidades. O site alega que oferece esses serviços profissionais em 350 cidades.

CONHECENDO OS FRANCESES

Um ótimo modo de conhecer pessoas é por meio de interesses comuns. Encontre um grupo que compartilhe

os mesmos interesses que você e junte-se a ele. Um meio de fazer amigos nas regiões rurais é contatar os excursionistas locais. A *randonnée* já é uma instituição francesa, liderando caminhadas ou passeios de bicicleta *en masse* (em grupos) com um itinerário organizado. Você descobrirá quais são os eventos e onde eles acontecem provavelmente no mural de avisos das prefeituras, vai pagar uma pequena taxa, receber um mapa e se lançar pelas trilhas em pequenos grupos. Dependendo do caso, a atividade inclui o almoço e intervalos para lanche. É uma boa oportunidade de conhecer pessoas e falar com elas, além de praticar seu francês.

L'Amitié

A amizade é levada muito a sério na França. Quando uma família francesa o acolhe em sua casa, há uma série de expectativas veladas, mas extremamente fortes, de responsabilidades e deveres mútuos que devem ser cumpridos. Você será convidado – e espera-se que vá – para jantar, almoçar, ir à praia, conversar numa mesa com *apéritifs* (aperitivos) e coquetéis e passar o tempo falando com eles ao telefone. Caso você precise apresentar desculpas – porque está lavando o cabelo, com dor de cabeça ou simplesmente se esqueceu de um encontro já marcado –, poderá ficar com a impressão de que está decepcionando seus amigos.

Judy Churchill, orientadora e consultora que já trabalhou no sul da França, diz que é preciso investir na amizade. Os franceses esperam que haja reciprocidade nos relacionamentos. Eles podem ser muito amáveis no início, mas talvez recuem desapontados se não tiverem respostas agradáveis. Contam-se muitos relatos de franceses do sul que fizeram amizade com turistas estrangeiros e se decepcionaram bastante depois que eles partiram e não mantiveram mais contato.

CONVITES PARA VISITAS

A vida social francesa pode ser bastante despojada, mas também muito estruturada. Após anos sendo *bien élevés* (bem-criados), os franceses rapidamente identificam quaisquer exemplos de maus modos ou grosseria social. Uma grande parte do protocolo abrange as refeições e a hospitalidade.

A primeira coisa a lembrar é que a comida recebe um interesse gigantesco na sociedade francesa; a apreciação dos alimentos, suas qualidades estéticas, a apresentação, o sabor e, acima de tudo, o ambiente em que ela é servida.

Nas grandes cidades, a maioria das pessoas convida os amigos para desfrutar refeições em restaurantes, em parte por razões de espaço, mas também por razões de tempo, e os convites para recebê-los em casa são raros. Fora das cidades, a casa é muito mais um local para entretenimento, mas a pressão de preparar uma refeição grandiosa e receber convidados para degustá-la desestimula as pessoas de fazer esse tipo de convite, a menos que consigam gerir tudo da melhor maneira possível. Na França, a cultura de convidar amigos para almoçar em casa é rara. Mas, no sul do país, por causa do clima, esse hábito é muito mais comum.

Assim, qual é a alternativa? O *apéritif* (aperitivo). As pessoas o convidarão para um *apéro* ou *apéritif*, a fim de lhes dar a chance de conhecê-lo melhor durante uma ou duas horas entremeadas de bebidas. Esses encontros podem se dar na hora do almoço ou no fim da tarde e são relativamente informais. Você notará na chegada que será conduzido até a sala de estar, mas dificilmente lhe mostrarão os outros aposentos ou a cozinha. Os franceses gostam de manter seus lares na privacidade, portanto não espere um *grand tour*. Certamente, você não deverá ir até a cozinha a menos que seja convidado. Um colega francês disse que, durante 25 anos, ele nunca entrara na cozinha de sua avó, até que ela teve problemas de artrite e, como já não conseguia carregar sozinha os pratos, teve de pedir ajuda.

O almoço de domingo é um evento superespecial. Se você for convidado para o meio-dia ou 1 hora da tarde, não planeje nada mais para o resto do dia. O almoço será servido num ritmo pausado, relaxado, seguido por uma soneca ou uma caminhada, ou talvez ambas as coisas, e a ocasião toda pode facilmente se estender por mais de cinco ou seis horas.

Em muitas famílias francesas, ainda é ensinado às crianças que peçam permissão para deixar a mesa após a refeição. Nos últimos dez anos, a atitude para com as crianças tem ficado muito mais descontraída e tolerante, especialmente na expressão de emoções. Se uma criança sai com entusiasmo da mesa antes de a refeição ter terminado, os adultos não vão dizer necessariamente *Ne bouges pas de table, s'il te plaît*

("Não saia da mesa, por favor"), como seria habitual há alguns anos.

Adequação aos horários

Os franceses geralmente são tolerantes com atrasos, mas, no norte e no leste do país, as pessoas são muito mais pontuais do que no sul, onde um atraso de dez a quinze minutos ainda é aceitável.

Presentear as pessoas

Se você é convidado a ir à casa de um amigo francês, leve sempre algum pequeno presente – flores, uma planta ou chocolates.

Se você levar flores, elas devem ser em número ímpar (sete está bem, mas jamais treze), e certifique-se de desembrulhá-las antes de dá-las de presente. Não custa repetir: flores diferentes têm conotações distintas.

Não presenteie com cravos, que, para algumas pessoas, representam má sorte, ou com crisântemos, que são as flores depositadas em túmulos de pessoas queridas no *Toussaint* (Dia de Todos os Santos) e por isso provocam lembranças ruins. As rosas exprimem amor ou política socialista. Rosas amarelas estão associadas à "condição de corno", como o é a cor amarela de modo geral.

Os franceses têm bastante pendor artístico. Assim, apreciarão um livro, um CD ou um quadro que apele para o senso estético deles.

A culinária francesa e sua tradição em vinhos indicam que alimentos ou bebidas estrangeiras não são necessariamente bem-vindos – a menos que seja algo como um uísque escocês. Não leve vinhos, a não ser que seja um produto muito especial e, obviamente, francês.

Bon appétit

As refeições têm seus próprios protocolos. O equivalente francês de "Bom apetite!" ao início de uma refeição é *Bon appétit*, cumprimento ao qual você deverá responder com as mesmas palavras. Não prove o vinho até que seu anfitrião tenha erguido o copo e dito *À votre santé* ("À sua saúde!"), devendo você responder do mesmo modo e bater o copo no dos outros.

Como regra simples, diante de um arranjo de facas, garfos e colheres, você deverá começar dos mais externos aos mais internos. Geralmente, você encontrará um garfo menor e um maior à esquerda, e uma faca pequena e uma grande à direita. Espera-se que você possa manter a faca e o garfo para o próximo prato. Observe o que os outros estão fazendo. Naturalmente, isso não vale se você começou com peixe e depois terá um prato de carne – a faca e o garfo de peixe serão removidos. As colheres de sobremesa e do café geralmente estarão no topo, paralelamente a você, uma apontada para o lado contrário da outra.

As mesas francesas em geral têm três copos: um para água (o maior), um para vinho tinto e outro para vinho branco (o menor). A água normalmente não é servida primeiro.

A ordem dos pratos

A salada é servida após o prato principal (exceto na Provença), e o queijo, antes da sobremesa. O prato de queijos pode ser um obstáculo. Sirva-se apenas uma vez, pegando no máximo três queijos diferentes, e corte-os a fim de preservar o formato do que ficará na tábua (ou seja, não elimine as bordas).

Facas, garfos e mãos

É grosseiro apontar a faca para as pessoas para enfatizar o que você está dizendo. Não apanhe nenhum alimento com as mãos, exceto o pão, que você deverá sempre quebrar com os dedos, jamais cortar com a faca. Coma seu pedaço de pão e pegue outro. Os franceses comem pão durante toda a refeição, mas não o utilizam para limpar o prato. Coma tudo que colocar no prato. Os franceses consideram perdulários aqueles que frequentemente deixam restos de comida.

Bebidas

Não fique bêbado. Os franceses alternam o consumo de vinho com água, sem permitir que a bebida interfira nas conversas. Além disso, não se sirva de vinho por conta própria, a menos que seja estimulado.

Cigarros

Em bares e cafés, os franceses fumam continuadamente, mas, num restaurante ou na casa de um amigo, espere até o fim da refeição, quando é servido o *digestif* (digestivo). Não fume entre a chegada dos pratos. Se você não tiver certeza se fumar é aceitável, pergunte.

Perambulando pela casa
Não perambule pelas áreas privadas de uma casa ou de um apartamento. Elas incluem a cozinha e também os banheiros. De modo geral, os franceses não usam o banheiro durante o jantar, e os anfitriões talvez não o tenham preparado para que ele seja utilizado por visitantes.

Ainda é comum deixar uma nota escrita de agradecimento ou enviar um e-mail agradecendo a hospitalidade recebida, embora cada vez mais isso se resolva com uma simples ligação telefônica.

HÁBITOS SOCIAIS
Há muitos pequenos atos sociais que os franceses executam no dia a dia sem pensar, mas que o estrangeiro precisa aprender a fim de não os ofender. Para eles, é importante ser *correto*, e imediatamente notam se alguém ultrapassou os limites. A etiqueta foi inventada pelos franceses; tinha o significado de regras diárias para os soldados, mas passou a ter o sentido de regras de comportamento social para entrar numa sociedade polida. O *Bottin Mondain* francês (um registro da elite social no país) contém uma lista de regras de etiqueta extremamente longa – uma espécie de compêndio de boas maneiras francesas –, mas certas orientações são úteis para qualquer evento social.

Formalidade nos cumprimentos
Os franceses são muito mais formais do que você poderia esperar. Se você se dirigir a alguma pessoa,

deverá ser com *Bonjour, monsieur* ou *Bonjour, madame*. Jamais diga apenas *Bonjour*. Em um pequeno estabelecimento, ou no espaço para o café da manhã de um hotel, as pessoas geralmente dizem *Bonjour, messieurs dames* ("Bom dia, senhores e senhoras") na entrada, e *Au revoir, messieurs dames* ("Até logo, senhores e senhoras") na saída. Quando concluem uma transação numa loja, é muito comum dizerem *Bonne journée* ("Tenha um bom dia") ou *Bonne soirée* ("Tenha uma boa tarde"). A resposta-padrão deve ser *Merci* ou *Je vous remercie* ("Obrigado"). Em escritórios, ou mesmo em elevadores, as pessoas costumam dizer *Bonne journée* ou *Bonne soirée* ao saírem. Também é bastante comum ouvir *Bon fin de soirée* ("Tenha um bom resto de dia").

Se você conhece alguém que detenha um título, é importante mencioná-lo. Um embaixador aposentado é *Monsieur l'Ambassadeur*; o(a) presidente de uma empresa, *Monsieur le Président* ou *Madame la Présidente*.

É essencial dizer *S'il vous plaît* ("Por favor") e *Merci* ("Obrigado"). Também é importante não interromper estranhos, a menos que você diga *Excusez-moi de vous déranger* ("Desculpe-me por interrompê-lo"), além de acrescentar *J'ai un petit problème* ("Tenho um pequeno problema") e perguntar *Est-ce que vous pourriez m'aider?* ("Você poderia me ajudar?") para conseguir cooperação e ajuda.

O aperto de mãos

Os franceses trocam apertos de mãos na chegada e na saída, inclusive no trabalho. Se você encontrar um amigo no café e ele estiver acompanhado de um grupo de pessoas, é normal apertar as mãos de todos no grupo. Assim, você verá pessoas apertando-se as mãos enquanto continuam a falar com quem estão cumprimentando. A razão para apertar as mãos, tradicionalmente, era provar que você não estava empunhando uma adaga.

O beijo

Muitos franceses e francesas beijam na face no primeiro encontro. Fique atento para saber se é para apertar a mão ou beijar observando a própria pessoa que você está cumprimentando, porém jamais será apenas um beijo na face. O número de beijos em cada face vai depender do local onde você está, de quem você é e de quem você está beijando!

Tu ou *vous* (você)

Se você fala francês, sabe que há uma diferença entre o pronome formal *vous* e o singular informal *tu*. Jamais utilize o informal *tu*, a menos que você seja estimulado. Trata-se de uma grave ofensa social, típica de excesso de familiaridade. Enquanto no mundo que fala inglês a formalidade é vista como um fator de distanciamento nos relacionamentos, na França *vous* é a norma até que a familiaridade lhe permita outro cumprimento. A exceção é no tratamento com crianças, e entre adolescentes e estudantes, que usam *tu* entre eles de forma impune. Conforme expresso pelo escritor e consultor David Hampshire: "A forma familiar é sempre usada com crianças, animais e com Deus, mas praticamente nunca com pessoas mais idosas ou com superiores no trabalho".

De fato, utilizar o *tu* tem ficado mais complicado. Os adultos mais jovens rotineiramente utilizam o *tu*, e o mesmo fazem os colegas no trabalho, no uso também chamado de *tu collegiale*. Se estiver com dúvida, utilize *vous* com pessoas que você não conheça, e eles lhe mostrarão pelo exemplo quando migrar para o *tu*.

Cuidados com a aparência pessoal

As pessoas costumavam ser capazes de identificar quando uma garota inglesa em Paris tinha conquistado um namorado francês pela forma com que ela repentinamente melhorava a aparência, mudava o cabelo e começava a usar batom. Isso tudo pode ter

mudado, mas não a importância de se vestir com cuidado. Para os homens, ternos escuros, gravatas brilhantes e o rosto bem barbeado são *de rigueur* (obrigatórios). Para as mulheres, independentemente do que vistam, é importante parecer *soignée*, ou bem-cuidadas. Em outras palavras, elas têm que atentar para a pele, os cabelos, as roupas e os acessórios. As mulheres e os homens franceses têm menos chance de saírem na rua com uma aparência descuidada, e isso vale para as viagens de férias ou, simplesmente, quando vão comprar pão na mercearia vizinha.

De modo geral, nunca se está arrumado demais para ir a um evento social na França. Ternos escuros e bons sapatos para os homens, e vestidos e sapatos simples, mas elegantes, para as mulheres são aceitáveis em coquetéis e jantares mais formais. Se um anfitrião ou uma anfitriã sugere uma roupa casual, isso não significa que você possa ir de calça jeans e camiseta, a menos que os jeans sejam lançamento da Armani e a camiseta ou blusa seja Yves St. Laurent ou Christian Lacroix.

Uma coisa notável entre os franceses – homens ou mulheres – é como eles estão preparados para apreciar a elegância e o estilo nos outros. Assim, cumprimentar as mulheres dizendo *Vous êtes très élégante* ("Você está muito elegante") é considerado muito mais um comentário educado do que, digamos, uma "cantada" com segundas intenções. Uma francesa me confidenciou que o melhor caso de amor que ela teve durou apenas trinta segundos. Foi o olhar que um homem lhe lançou enquanto ela entrava nas Galeries Lafayette em Paris!

A cortesia

Os homens costumam ficar de pé se uma mulher entra num recinto pela primeira vez, e sempre abrem a porta para deixar que ela passe primeiro. As mulheres se levantam para cumprimentar outras mulheres. Durante as refeições, mantenha as mãos sobre a mesa, e não no colo. As crianças são educadas para não colocarem os cotovelos sobre a mesa. Uma amiga francesa estava morando na Inglaterra. A mãe dela veio de Paris para visitá-la e notou que sua neta estava sentada com as mãos sobre o colo. A avó imediatamente disse: "*Chérie*, você não tem mais modos!"

É claro que você pode achar alguns desses protocolos restritivos e resolver não os seguir. No entanto, é importante lembrar que os franceses acatam um tipo de formalidade relaxada quando se divertem, tanto em casa como fora, e que, quanto mais alta a escala social que você atinja, mais pronunciada é essa tendência.

LÍNGUA

Seu passaporte para a sociedade francesa é sua habilidade de falar bem francês. A absoluta prioridade que você deve ter para viver na França, ou visitar o país regularmente, deve ser aperfeiçoar o seu conhecimento sobre a língua. A língua francesa é o orgulho dos franceses, e eles gostam que você a fale bem e corretamente. As pessoas se sentirão muito mais confortáveis com você, e vice-versa.

As maiores escolas de idiomas da França são as da Aliança Francesa (fundada em 1883), que se dedica à propagação da língua e da cultura francesas, e as da Berlitz, que possui mais de quinze unidades pelo país. Muitas universidades oferecem cursos de língua e cultura francesas, e há uma série de aulas de conversação organizadas por grupos, como o Parler Parlor. Fundada por Adrian Leeds e Marie-Elizabeth Crochard, nessa instituição você encontra residentes locais e desenvolve conversações em inglês durante 45 minutos, seguidas por uma nova rodada, em francês, com a mesma duração. Seu site é www.adrianleeds.com/events/parler-parlor.

Uma das vantagens dos cursos de francês e de cultura francesa é que eles lhe ensinam a história básica e o conhecimento social que as crianças aprendem na escola, os quais se tornam o pano de fundo para muitas conversas.

Você pode se dedicar a certas atividades para praticar seu francês mesmo fora da sala de aula convencional. Uma questão-chave é ir se acostumando aos ritmos da fala francesa, e isso pode ser feito simplesmente pela escuta e pela observação. A TV, o rádio, os DVDs e CDs, bem como o YouTube, são exemplos de boas práticas de escuta para "afinar o ouvido" em relação à língua. Uma das coisas mais importantes é acolher o maior número de palavras para ver se você consegue entender o tópico geral, em vez de entender palavra por palavra. Posteriormente, tente selecionar números, datas, nomes de localidades e de pessoas.

Os franceses geralmente falam de modo muito rápido, mas não desanime. Você gradualmente notará melhoras em sua capacidade de entender as conversações.

Outra habilidade importante é a leitura. Não tente começar com o jornal *Le Monde* ou com os romances de Victor Hugo. Pegue folhetos no supermercado, repare nas manchetes da *Paris Match*, da *Elle* ou até da revista *Hello*. Novamente, não espere entender todas as palavras. Procure extrair o essencial dos textos, e somente se atenha às palavras mais importantes.

No caso das habilidades de fala, tente conversar consigo mesmo. Descreva tudo o que puder em francês e confira suas rotinas diárias ou listas de compras, expressando-as em voz alta. Isso o ajudará a aumentar a confiança.

É essencial comprar também um dicionário, para mantê-lo em casa e poder recorrer a ele quando necessário. Um dos mais renomados é o *Dictionnaire Robert*.

Um bom início para treinar a conversação é perguntar sobre palavras e frases. Use seu aprendizado como ajuda para as conversações. Se seus esforços forem motivo de risos, ria também. As pessoas mais próximas se habituarão a lhe perguntar como está seu progresso nos estudos, ajudando-o com novas palavras e frases. Suas iniciativas serão apreciadas.

Timidez

Os franceses prezam a eloquência e o estilo nos diálogos e se orgulham de ser bons conversadores. Todavia, muitos franceses são tímidos também e, como você, têm de fazer esforço para falar. É importante tentar contribuir, e um modo de praticar a conversação pode ser repetir para si mesmo o que você ouve as pessoas dizerem quando estiver fazendo atividades rotineiras, como compras em uma loja.

Faça amizade com os comerciantes locais

Os franceses têm uma cultura baseada em relacionamentos. Em outras palavras, as pessoas se disporão a servi-lo da melhor forma possível se o conhecerem, ainda que de forma superficial. Visite as lojas locais regularmente e conheça o açougueiro, o padeiro, o dono da loja de equipamentos de informática etc. A atenção e o hábito redobrados vão agradá-los, e eles desejarão retribuir-lhe isso, além de terem a certeza

de que você comprou o que queria. Isso é válido tanto em um *quartier* (bairro) de Paris como num vilarejo na Provença.

A ARTE DA CONVERSAÇÃO

Embora grande parte da vida francesa gire em torno da culinária, a conversação tem praticamente a mesma importância. *Le grand repas* (a refeição principal, feita com a família) pode durar muitas horas e é também uma oportunidade para longas conversas. Os franceses gostam de discutir todos os assuntos em profundidade, de esportes a filosofia, de política a filmes. As discussões alongam tudo, de uma ida ao supermercado a um encontro casual na rua para, sobretudo, lanchar.

As conversas podem ser animadas. As pessoas falam gesticulando, de modo eloquente. Interrompem umas às outras, e a regra são desvios bruscos de assunto. Às vezes parecem agressivas para os estrangeiros, mas não para os franceses, criados para serem competitivos. Eles têm um senso de humor satírico, e são comuns comentários perspicazes, mas mudanças totais de opinião podem não significar *fair play*. As pessoas chegam quase a se tocar, e o orgulho delas pode ser facilmente ferido.

Na visão dos franceses, os estrangeiros podem parecer chatos, não porque não tenham nada interessante a dizer, e sim porque levam muito tempo para fazê-lo. A brevidade é a alma da presença de espírito, e, para os franceses, a presença de espírito em si é a arte da conversação. Portanto, é importante não levar as discussões muito adiante. Os franceses estão sempre conferindo para ver se porventura o estão aborrecendo, e você deve fazer o mesmo em relação a eles. Tenha cuidado, se estiver falando em francês ou até em inglês, com o uso de gírias. Pode parecer vulgar. Além disso, falar com a boca cheia é grosseiro.

Embora nenhum assunto seja realmente tabu, falar sobre dinheiro não é bem-aceito, e perguntar a uma pessoa quanto ela ganha ou quanto pagou por certo objeto seria extremamente deselegante.

Embora seja aceitável discutir política nos assuntos correntes ou gerais da França, jamais pergunte sobre inclinações políticas pessoais ou sobre religião. Os franceses não respondem tão positivamente à pergunta introdutória "O que você faz?", como é normal com povos de outras nacionalidades. De modo geral, seja cuidadoso ao pedir um número exagerado de informações pessoais nos primeiros encontros. Os franceses gostam de manter a vida particular na esfera privada.

O país tem orgulho de seus heróis. Assim, não os critique ou zombe deles. A exemplo de muitos países, a simples menção de certos períodos históricos pode causar certa tensão, particularmente nas experiências vividas com a guerra. Discussões sobre a Segunda Guerra Mundial e sobre as questões ligadas à lealdade patriótica daquele tempo podem ser dolorosas ou embaraçosas para os membros mais velhos de um grupo, e a abordagem de assuntos como o da mais recente guerra argelina pode levantar questões desagradáveis de racismo colonial e o trauma da descolonização. Seja sensível às vibrações das pessoas que participam da conversa.

Fais gaffe!

Hal Wilson, escultor, chocou-se com sensibilidades locais quando, após viver seis anos na França, foi encarregado de apresentar alguns desenhos para o projeto de um monumento aos heróis locais da Resistência Francesa contra os alemães na Segunda Guerra Mundial. Ele criou uma estátua com as "asas da vitória", admirada pelo comitê, mas rejeitada pelo prefeito, que a condenou por ter "inspiração comunista" e ser feita de lixo. Por fim, a estátua foi erguida em um vilarejo próximo administrado por um prefeito esquerdista. Aparentemente, o primeiro prefeito acreditava que o governo pró-germânico do marechal Pétain em Vichy fosse católico, diferentemente dos combatentes ateus da Resistência. Tudo isso ocorreu sessenta anos após o término da Segunda Guerra Mundial! *Fais gaffe!* ("Tome cuidado!"), como dizem os franceses.

Capítulo **Cinco**

A CASA FRANCESA

O LAR

A casa francesa em uma pequena ou grande cidade é, de modo geral, um apartamento, normalmente alugado. Caminhe por uma rua francesa e você notará uma fileira de edificações de quatro ou cinco andares com uma larga porta de metal ou de madeira. Toque a campainha em alguma dessas portas e ela se abrirá para um pátio. Circundando-o, será possível ver elevadores ou escadas que levam até os apartamentos.

A maioria desses edifícios de apartamentos era tradicionalmente administrada por uma *concierge* (zeladora) – em menor número, também por zeladores –, que ocupava uma unidade no andar térreo e era responsável pela entrega da correspondência e pela limpeza da escadaria e dos corredores. A *concierge* foi uma figura mítica e legendária na vida e na literatura francesas. Na realidade, ela era a guardiã do prédio e mantinha o olhar atento a toda a circulação interna de pessoas.

Hoje em dia, você pressiona o botão de intercomunicação do apartamento desejado e anuncia o seu nome; um botão interno abrirá a *porte cochère* (literalmente, o portão de entrada) para permitir-lhe a entrada. Às vezes, esse portão é operado por um código. Se você não o conhece, ligue de seu celular para contatar a pessoa que está visitando a fim de que ela lhe

forneça. Senão, você corre o risco de ficar esperando por muito tempo.

A área comum interna do edifício pode ser bastante diferente da opulência interna das unidades. A eletricidade é cara no país, e a maioria dos corredores é iluminada por lâmpadas com temporizador, que tendem a desligar nos momentos mais inconvenientes. À medida que você subir as escadas ou passar pelos corredores, busque os interruptores ou botões de luz, de modo que possa encontrá-los facilmente caso as luzes se apaguem.

Os apartamentos franceses variam de enormes complexos de aposentos a um pequeno *studio* (apartamento de um quarto), geralmente no sótão ou no último andar, que pode ser um antigo *chambre de bonne* (quarto de empregada). Uma imigrante inglesa, Rachel Khoo, chegou a transformar seu *studio* de um quarto, localizado em um prédio, em um restaurante que se tornou cenário para um programa culinário na TV – *The Little Paris Kitchen*.

Para uma nação obcecada por culinária, as cozinhas de modo geral são surpreendentemente pequenas e privadas. Vagar pela cozinha para continuar o bate-papo com sua anfitriã não é comum na França.

Segunda casa

Muitos moradores de cidades possuem uma segunda casa no campo ou casas onde moram os pais, nas províncias. Como um grande número de habitantes do campo está se mudando para as cidades, há uma boa oferta de casas em pequenos vilarejos, as quais estão sendo adquiridas por franceses ou estrangeiros na mesma tendência, ou seja, como *résidences sécondaires*.

O sonho de qualquer francês ou francesa é ter uma casa com um jardim construído de acordo com suas especificações. Nem todos podem fazer isso, é claro, e, mesmo que você consiga encontrar a casa de seus sonhos na Bretanha, ficará limitado aos estilos e materiais de construção próprios da província.

Casas

Fora das cidades mais populosas, os franceses vivem em casas e vilas de grande variedade. Há uma forte tradição de regionalismo no país, e as pessoas de modo geral gostam de morar próximas de seus parentes e de manter contato com suas raízes.

Móveis e mobília

As casas francesas são alugadas ou vendidas sem pertences ou mobiliário. Assim, é possível encontrar uma casa ou um apartamento desprovidos de interruptores de luz, armários, prateleiras ou suportes de papel higiênico. Ao mudar para um novo imóvel, confira primeiro com um corretor, pois encontrar eletrodomésticos que se encaixem exatamente nos furos das paredes pode ser uma tarefa difícil.

O bidê e o banheiro

Na França, o banheiro (*salle de bains*) pode conter o vaso sanitário, ou este pode ser separado. Você ainda encontrará, próximo ao vaso, o *bidet* (bidê), utilizado pelas mulheres para fazer a limpeza das partes íntimas. No filme *Crocodilo Dundee*, Paul Hogan encontra um bidê em sua suíte no UN Plaza Hotel, em Nova York. A protagonista do filme, a atriz Linda Kozlowski, rapidamente o ensina a utilizá-lo de maneira correta.

Você também deve ficar a par do *le lavabo turque*. Trata-se de um fosso no piso com pequenas plataformas ao lado para os pés, sobre as quais você poderá permanecer ereto ou agachado. Os estrangeiros normalmente repelem essa construção, que tem sido substituída em grande escala por vasos sanitários comuns, mas esteja preparado para encontrá-la em algumas das mais antigas e simples paradas para descanso, como as que existem em rodovias.

Privacidade

Em seu livro *Cultural Misunderstandings*, a autora francesa Raymonde Carroll descreveu que ficou chocada quando encontrou americanos, nas palavras dela, "morando nas ruas". Ela estava se referindo às casas americanas expostas completamente à rua, com pequenos jardins frontais e sem cercas, e cortinas que ficavam permanentemente abertas. As casas francesas, em contraposição, são muito mais fechadas, separadas das ruas por muros e cercas, e com cortinas sempre fechadas ao cair da noite para proteger a privacidade da família. Repito, isso reflete um grande desejo dos franceses de manter seus lares e suas famílias na esfera privada.

A FAMÍLIA

As atitudes dos franceses e dos anglo-saxões em relação à educação das crianças são relativamente diferentes. A família anglo-saxônica dedica-se ao individualismo e procura revelar os talentos e as personalidades individuais de seus filhos. Por sua vez, a família francesa dedica-se a criar os filhos para que eles sejam exemplos de familiares e cidadãos, conforme dita a sociedade francesa. Os relacionamentos familiares são estreitos, e filhos e filhas, mesmo na idade adulta, geralmente ainda permanecem próximos a seus pais, jantam com eles todas as semanas e mantêm contato telefônico todos os dias. Construir uma identidade social é mais importante que estimular a autoexpressão. Os pais franceses não são menos amáveis ou dedicados, mas fazem isso de maneira diferente. Eles acreditam que, para uma criança ser bem-educada, precisam ser instiladas nela certas atitudes e valores básicos, e, como todos os outros pais, eles se preocupam com um potencial colapso na sociedade, que poderia ameaçar esses padrões.

Ser *bien élevé*

As famílias de classe média educam os filhos impondo limites e sem o mesmo grau de liberdade desfrutado pelas crianças brasileiras. Os pais franceses não consideram necessariamente que devam parar suas atividades para ouvir seus filhos ou satisfazê-los. Não se trata de crueldade psicológica, mas de indução social.

As crianças francesas aprendem a escolher a hora certa de falar e a ser espirituosas para ganhar atenção. E aprendem o que significa ser *bien élevé* (bem-educado) ou *mal élevé* (mal-educado).

Polly Platt, em *French or Foe?*, resume essa diferença muito bem quando diz que as mães francesas não hesitam em chamar a atenção dos filhos para recriminar casos de estupidez, mau gosto, maus modos, comentários enfadonhos, reações inapropriadas ou qualquer lapso na aparência.

É interessante saber que, apesar das pressões no sistema social, do aumento das famílias com pais solteiros, dos filhos ilegítimos de casais que moram juntos, das necessidades competitivas das mulheres no trabalho e de um estilo de vida mais fragmentado, o sistema ainda se mantém.

No entanto, conforme já mencionado, os franceses estão cada vez mais cientes das duas sociedades que existem no país – os "haves" (abastados) e os "have nots" (desprovidos). Filmes como *La Haine* (*O ódio*, 1995) destacam os problemas de uma juventude sem amor. Em um país que espera que seus moradores vivam e se comportem de maneira francesa, a existência de uma classe que se sente econômica e socialmente excluída dessa experiência é algo que a nação terá ainda de confrontar.

Hierarquia familiar

Na família francesa, quem manda é o marido. Como muitas mulheres estrangeiras casadas com franceses testemunham, a próxima na hierarquia é a sogra, que supervisiona, com uma dose de ciúme, o comportamento da nora e mantém um olhar aguçado sobre como seus netos estão sendo criados. Essa particularidade pode ser especialmente dura para as esposas brasileiras de maridos franceses.

Todavia, os hábitos mudam e certamente em famílias mais jovens há muito mais paridade e compartilhamento entre maridos e esposas – e, decerto, sogras. As crianças francesas não assaltam a geladeira toda hora, não se esquecem de arrumar as coisas, não tomam o carro emprestado sem permissão, não respondem para os pais nem tratam a casa como se fosse delas ou incentivam os amigos a fazer o mesmo.

O essencial para uma família francesa é ter uma rede de irmãos menores e gerações que vivem na mesma região e em contato próximo. Cria-se assim uma rede sólida de contatos e, certamente, de "natureza francesa", muito mais coesa que os sistemas de valores e alianças mais relaxados encontrados no Brasil.

É claro que existem "ovelhas negras" e pessoas que vivem distantes da família, mas o fato é que na França isso é visto como um desvio, e não como regra, ao passo que, em outros países, uma rede familiar próxima ligada por comportamentos e valores comuns pode ser sustentada por famílias individuais, mas não chega a ser um ideal social de caráter geral.

Hábitos sexuais

A França tem a reputação de ser um país que aceita o liberalismo sexual e, para provar isso, eles têm o *cancan*, o Folies Bergère e o distrito de Pigalle. Na realidade, a família comum francesa é muito mais conservadora do que as famílias brasileiras. Não é raro que as garotas francesas evitem ter relações sexuais até a faixa dos 20 anos, o que pode ser uma das razões pelas quais os meninos franceses se aproximam muito mais de adolescentes americanas, inglesas e de outras nacionalidades.

O ENSINO

Para os pais franceses, o ensino é tudo. Os filhos devem ter o maior número possível de diplomas importantes na área acadêmica. No cenário de negócios brasileiro, a experiência conta muito. Na França, o que conta é ter um bom ensino e bons diplomas. Essa é a razão pela qual alguns professores experientes de outras nacionalidades que desejam trabalhar na França ficam horrorizados quando constatam que sua experiência é subestimada, uma vez que eles não têm os diplomas equivalentes aos dos franceses.

A maioria das crianças frequenta uma escola de educação infantil antes dos 6 anos. O ensino na França é compulsório dos 6 aos 16 anos, mas a maioria dos adolescentes deixa a escola aos 18 anos. A maior parte dos pais envia os filhos a uma escola do Estado (*école publique*), gratuita e que oferece o melhor ensino. Na quarta-feira, o dia letivo é em regime parcial para as crianças do "prezinho", dependendo da escola, mas muitas têm aulas aos sábados pela manhã. O sistema é muito competitivo, e é obrigatório repetir em uma matéria se não for atingido certo nível no fim do ano escolar. A grade curricular é padrão para todas as regiões do país e prescreve em detalhes o que vai ser ensinado.

Algumas famílias preferem matricular os filhos em uma escola particular (*école privée*). De modo geral, essas escolas pertencem a alguma organização eclesiástica, predominantemente católica, mas seguem a mesma grade curricular nacional das públicas. As escolas privadas são contratadas pelo Estado, que paga os salários dos professores e contribui para a manutenção das edificações. Com isso, as taxas são baixas, e os pais procuram escolher as escolas dos filhos de acordo com a conveniência local, a reputação e as instalações, em vez de levar em conta razões religiosas.

Tanto em um como no outro tipo de escola, todo o material escolar tem de ser comprado pelos pais. Em internatos (*pensionnats*) públicos ou privados para alunos de famílias de baixa renda, podem ser solicitadas bolsas de estudo (*bourses scolaires*) para ajudar nas despesas. Também estão disponíveis bolsas para os que atingem algum feito na área acadêmica.

A França tem um grande orgulho de sua longa e prestigiosa tradição literária. Contudo, nas escolas, a literatura não é tão importante como a matemática, tradicional medida da inteligência, talvez porque exija pensamento lógico. A filosofia é compulsória para os estudantes das séries finais dos cursos secundários.

Os franceses na escola

La rentrée, em setembro, é um evento nacional. É quando as crianças voltam às aulas depois das férias. Os pais devem pagar pelos livros, pelo material escolar, pelos equipamentos esportivos e, é claro, pelas roupas da moda. Não se usam uniformes nas escolas francesas.

A cada ano, desde o primeiro ano escolar, as crianças participam de um *concours* (concurso) – um exame competitivo público. Suas notas ao fim de cada ano acadêmico devem atingir certo nível para evitar que possam repetir o ano (e ver os amigos progredirem sem eles).

Crianças estrangeiras que entram em escolas na França não estão preparadas para o nível de esforço que as crianças francesas imprimem a seus estudos. O ano escolar vai de setembro a junho, com intervalos no Natal e na Páscoa. Há grande ênfase no aprendizado e no pensamento lógicos, o que significa que a matemática é superenfatizada. Cada vez mais o ensino no Brasil estimula as crianças a terem a mente aberta, a desenvolverem a expressão e a criatividade. O ensino no nível secundário francês reforça a transferência de conhecimento para a formação da mente das crianças e para prepará-las para a sociedade.

O exame final da escola secundária francesa é o *baccalauréat*, conhecido como *bac*. Obter esse diploma no nível apropriado assegura o livre acesso a uma universidade gratuita. Depois, mais três ou quatro anos de estudos e a obtenção do *bachelier* (bacharelado) ou do *maîtrise* (mestrado) deixam você no degrau mais baixo de uma outra escada. Qualquer estudante que tiver o *bac* tem direito de ingressar em uma universidade, mas há também o nível das extremamente seletivas *Grandes Écoles* (Grandes Universidades), em que futuros executivos, servidores públicos e políticos da mais alta esfera são educados. As *Grandes Écoles* são a base de uma rede duradoura de pessoas que circulam tanto no governo como na indústria, migrando facilmente entre os dois.

As *Grandes Écoles*

As *Grandes Écoles* são o topo do sistema de ensino francês. Uma universidade desse nível prepara você para a vida. A comparação mais próxima que se pode fazer seria com a Ivy League ou o MIT, nos Estados Unidos, ou, na Grã-Bretanha, as universidades de Oxford ou Cambridge. A admissão se dá por exame competitivo e, após quatro anos de penosos estudos, a obtenção da graduação lhe dá o cobiçado título de formado pelas *Grandes Écoles*, ou pela definitivamente prestigiosa École Nationale d'Administration (ENA), ou pela École Polytechnique. Se você se gradua pela primeira, você é um *enarque*; pela segunda, um *X*. Na condição de graduado pela ENA, você é destinado a

altos cargos no governo, no serviço público ou na indústria, ou talvez nos três em diferentes períodos de sua carreira. Seu certificado acadêmico é seu passaporte para o seu futuro.

Na qualidade de um *enarque*, você pode chamar outros *enarques* de *tu*, e, como um *X*, pode caminhar ao lado de antigos colegas de classe empunhando espadas cruzadas em seu casamento, além de escrever em seus convites *ancien élève de l'École Polytechnique* ("ex-aluno da Escola Politécnica"). Nos últimos anos, as *Grandes Écoles* têm sido abertas a estrangeiros, com vistas a recrutar os melhores talentos, e o *concours* (exame) pode ser feito em inglês.

A dificuldade para entrar nessas faculdades por meio de um exame competitivo e o prestígio que é dado aos estudantes não podem ser superestimados. Na graduação, aos 24 anos de idade, você está pronto para a vida. Desse modo, a França cria uma elite extremamente unida que se desloca facilmente entre o governo, o serviço público e os negócios.

Uma das grandes reformas iniciadas pelo ex--presidente Nicolas Sarkozy foi a democratização da École Nationale des Sciences Politiques (Sciences Po), o famoso portão acadêmico parisiense para os principais ingressantes nas *Grandes Écoles*.

Sob a administração de seu diretor, Richard Descoings, que morreu em Nova York em 2012, a Sciences Po abriu escolas regionais, expandiu suas relações com as principais universidades no Reino Unido, nos Estados Unidos e em outros países, aumentou seu corpo docente e seus fundos acadêmicos para incluir estudantes estrangeiros e introduziu um sistema de admissão baseado não em resultados acadêmicos, mas no desempenho potencial. Essas iniciativas tornaram a Sciences Po não apenas uma instituição educacional das mais influentes no país, mas também uma instituição internacional.

O SERVIÇO MILITAR

O recrutamento militar em tempos de paz foi suspenso em 1996, embora os soldados que já estivessem servindo nas Forças Armadas precisassem completar seus serviços.

Em 1998, o presidente Jacques Chirac introduziu a *Journée Défense et Citoyenneté* (JDF – Dia da Defesa e da Cidadania), com a participação de todos os rapazes e moças entre 16 e 18 anos. Essa iniciativa pretende informar aos jovens os seus deveres e direitos como cidadãos franceses e ajudá-los a entender o funcionamento das instituições do país e as questões que envolvem a defesa nacional.

O COTIDIANO FRANCÊS

O cotidiano francês é dominado pela semana de trabalho. As pessoas acordam em torno das 7 horas da manhã para levar os filhos à escola e se deslocar ao trabalho, que começa às 9 horas. O dia francês inicia-se com café (geralmente com leite), servido numa tigela, não numa xícara, acompanhado de pão, manteiga e geleia, ou ainda *biscotte* (biscoito) ou torrada. O horário escolar vai das 8h30 às 16h30, aproximadamente. As crianças podem almoçar na cantina da escola.

Embora tenha havido algumas mudanças nos horários nas grandes cidades, o almoço de duas horas de duração ainda é uma importante tradição. Assim, o período das 12h30 às 14 horas, ou 14h30, é marcado por poucas atividades. O final do expediente geralmente é às 18 horas, mas pode se estender até às 19 ou 20 horas para compensar. *Métro, boulot, dodo* (metrô, trabalho e sono) – é assim que os franceses descrevem essa situação.

As compras são uma parte importante do dia a dia no país. Os franceses gostam de comprar pequenas quantidades de alimentos frescos de tempos em tempos, bem como itens básicos e alimentos nos supermercados para abastecer a geladeira.

Passam as noites em casa, jantando, vendo TV ou preparando trabalhos para o dia seguinte. O jantar é servido em torno das 19 ou 20 horas. Durante os fins de semana há mudanças nessa rotina. Os franceses admiram quem trabalha arduamente, mas não os viciados em trabalho.

Os fins de semana são destinados a relaxar, encontrar amigos, praticar esportes, comer e beber, ou apenas sair de casa. Aquele que se levantar primeiro sai para comprar pão quentinho e *croissants* para o desjejum. O almoço é um evento prazeroso, normalmente com a presença de vários familiares. É precedido por um *apéritif* (aperitivo), depois vem a longa refeição, seguida de *digestifs* (conhaque e licores) e café.

Para as pessoas conhecedoras de moda, é interessante quando os franceses se vestem de maneira relativamente casual. O segredo é a qualidade e o estilo. A adequação da vestimenta para a ocasião é menos importante que o estilo das roupas e a qualidade dos materiais e acessórios. Apesar de o país continuar sendo o berço de algumas das mais famosas marcas da indústria de moda do mundo, os franceses não são obcecados por marcas, mas a aparência é importante.

Capítulo **Seis**

ENTRETENIMENTO

Os franceses trabalham arduamente durante a semana, mas os fins de semana são dedicados à família, à cultura e ao descanso. São também uma oportunidade para visitar os amigos, sair de casa ou conversar. A arte da conversação é importante, e as atividades de entretenimento lhes oferecem a chance de promovê-la, seja cultivando um jardim, trabalhando em projetos do tipo "faça você mesmo", saindo para passear ou comendo e bebendo com os amigos.

COMPRAS

Os franceses gostam de se divertir, e fazer compras no país se aproxima a uma forma de arte. Cada vez mais, há um número maior de super e hipermercados (procure pelos nomes Auchan e Carrefour), mas até esses estabelecimentos comercializam produtos locais frescos. Existem também muitos comércios de menor porte que lidam com produtos especiais mais refinados. Nesse grupo, o mais importante é a *boulangerie* (padaria), aberta das 7h30 às 19 ou 20 horas, que faz e vende pães frescos.

De modo geral, o longo pedaço de pão francês chama--se *baguette* (baguete), mas logo você aprenderá que esse é apenas um dos tipos de pães de diferentes espessuras e comprimentos vendidos com diferentes nomes. As padarias também podem abrigar uma *pâtisserie* (confeitaria), onde se preparam deliciosas tortas de maçã ou morango, bolos ou outras iguarias.

Feiras

As feiras são tão importantes quanto as lojas. Elas se localizam nas cercanias de pequenas cidades e vilarejos, e é possível encontrar os dias em que há feiras no mural da prefeitura ou no *Syndicat d'Initiative*. Os franceses apreciam bastante os produtos frescos, e a oportunidade de comprar frutas, legumes, carnes e queijos direto dos produtores da região é um ponto muito valorizado. Em Paris, há feiras regulares aos sábados, nas praças de cada bairro. Leve com você uma sacola. Pode ser que eles forneçam sacolas plásticas, mas não conte com essa comodidade.

As feiras não servem somente para comprar alimentos. Há feiras de antiguidades, de produtos de segunda mão e *marchés de brocante* (brechós), e, em Paris, na Porte de Clignancourt, o famoso *marché aux puces* (mercado de pulgas).

Expediente bancário

Os bancos em Paris e no restante da França cumprem diferentes horários de expediente. Os bancos parisienses, de modo geral, funcionam das 10 às 17 horas, de segunda a sexta-feira. Os bancos no restante do país tendem a abrir das 10 às 13 horas e das 15 às 17 horas, de segunda a sábado. A presença de caixas eletrônicos é muito comum, e as cabines de troca de moeda estrangeira (*Change*) estão disponíveis nas proximidades das principais estações, de grandes lojas ou de pontos turísticos. Esteja preparado para a possibilidade de alguns bancos do país fecharem mais cedo na véspera de feriados nacionais.

Alguns bancos têm um sistema pneumático de segurança instalado entre as duas portas de entrada. Pressione o botão vermelho, e, quando ele sinalizar verde, a porta será destravada. Repita o processo para a segunda porta. É permitida a entrada de apenas uma pessoa de cada vez.

LES GRANDS SPECTACLES

Les grands spectacles (grandes eventos) são concertos, exibições de gala e exposições. Anunciados em jornais ou cartazes por toda a cidade, esses eventos são ocasiões de bastante importância social que podem englobar um concerto ao ar livre de uma celebridade francesa ou americana, ou uma mostra esportiva ou de dança. O jazz, por exemplo, é muito popular na França, e Antibes, no sul do país, é palco de um famoso festival todos os anos.

Os *spectacles théatrales* (espetáculos teatrais) também são populares e, para os aficionados de teatro clássico, a Comédie Française parisiense oferece apresentações regulares de peças de dramaturgos clássicos, como Corneille, Racine e Molière.

LE CINÉMA

O cinema é a arte mais nova de todas. Não chega a 120 anos de existência e nasceu na França. O país tem o terceiro maior público de cinema do mundo, atrás apenas dos Estados Unidos e do Japão, tanto em termos de espectadores como de receitas.

O sucesso dos filmes franceses se deve em parte a medidas de proteção que o Estado proporciona ao setor. Certa quantidade de películas deve ser rodada na França e produzida por companhias francesas (os mesmos parâmetros são usados para a música), e, como os filmes não podem ser liberados para DVD até seis meses após o lançamento, a França ainda é uma nação de cinéfilos e frequentadores de cinemas. Um dos mais famosos festivais de cinema internacionais é o Festival de Cinema de Cannes, que acontece uma vez por ano, no qual filmes e atores franceses recebem importantes prêmios. Um exemplo recente é o do filme mudo *O artista*. Os dramas estrangeiros que passam na TV francesa tendem a ser dublados em vez de legendados.

OS CAFÉS

Uma parte importante da sociedade francesa é o café local. Os cafés servem bebidas alcoólicas, além de café, chá e refrigerantes, e recebem as pessoas para o desjejum, com *café au lait* (café com leite), *croissants* ou *brioches*, para um lanche rápido na hora do almoço (um cálice de vinho tinto e um *croque monsieur* ou *croque madame* – queijo e presunto no pão, ou queijo e presunto no pão com um ovo frito por cima), ou simplesmente para tomar café, sentar e ler jornal ou ver os transeuntes. Os cafés são ótimos locais para encontrar amigos ou simplesmente assistir a jogos de

futebol nos telões. Esses estabelecimentos ainda servem sanduíches de *jambon* (presunto), *fromage* (queijo) e *rillettes* (patês de carne suína). Se o tempo estiver quente, experimente a *citron pressé* (limonada fresca) já adoçada ou acompanhada de uma jarra de xarope de açúcar, para se refrescar.

O *café-tabac*

Muitos cafés têm um quiosque que vende cigarros, cartões de loteria e bilhetes de metrô, além de cartões telefônicos, cartões-postais e selos. Geralmente são indicados por uma placa de néon vermelha com o formato de cigarro.

Você vai perceber que, quando fizer o pagamento em um café ou em uma loja, o dinheiro e o troco não são colocados na mão das pessoas, mas numa bandeja no balcão. Isso evita dúvidas sobre o montante dado e o troco recebido.

Creperias

Para fazer um lanche, os franceses geralmente vão a uma lanchonete, a um café ou a uma creperia (*crêperie*).

O crepe é uma panqueca e pode ser doce ou salgado. A *galette* é salgada. As creperias também servem chá e bolo no período vespertino.

Só para passar o tempo

Passar o tempo em um dos muitos cafés à beira da calçada é um típico *hobby* francês. Contanto que você compre uma bebida – café, chá, limonada ou *jus de fruits* (suco de frutas) –, poderá sentar-se pelo tempo que desejar, enquanto lê algo ou simplesmente vê os transeuntes. O garçom pode deixar-lhe um copo de água ao lado. Isso funciona também como um lembrete de que você já fez o pedido.

Quando você estiver pronto para ir embora, chame o garçom, pague a conta e então poderá se dirigir a outro café. Se estiver num espaço aberto, pode ser que lhe seja pedido para pagar primeiro, e o garçom rasgará a conta para indicar que você já pagou.

Na maior parte dos centros das cidades (inclusive em Paris), as atrações estão relativamente próximas, e os séculos XVI e XIX parecem estar entremeados. Assim, passear a pé é uma atividade fascinante. Em noites quentes, perto das 19 horas, especialmente no sul, é possível participar de desfiles e unir-se a pessoas fantasiadas que descem os bulevares no sol tardio e se exibem para os transeuntes.

COMIDA

Uma das questões primordiais para os franceses é o gosto pela preparação e pelo desfrute da comida e do vinho. Não escapará de sua observação o fato de que a França efetivamente se considera o centro da cozinha fina do mundo. A apreciação de bons vinhos e de uma ótima comida faz parte da educação das crianças francesas desde muito cedo.

Restaurantes

Os franceses saem bastante para comer fora *en famille* (em família), eventualmente com amigos e, de modo geral, com seus cachorros farejando entre as mesas. Experimentar um novo restaurante ou um novo prato é uma experiência social que deve ser desfrutada e, então, discutida em detalhes.

Surpreendentemente, os restaurantes foram inventados em Paris, em 1765, por M. Boulanger. Ele preparava bebidas fermentadas fortificantes para os parisienses, as quais chamava de *ristorants*, e, com isso, nascia o termo *restaurant* (restaurante). Com o tempo, tornaram-se locais para reuniões sociais.

É difícil para um estrangeiro acreditar que uma reunião de executivos franceses dá tanta importância a uma discussão sobre o local onde apanhar certo tipo de cogumelos e o modo de prepará-los como ao preço das ações de suas empresas. Em um almoço de negócios, a discussão sobre negócios normalmente é adiada até que o café seja servido. O paladar refinado é enormemente importante no país, e Napoleão, que ficou famoso por concluir um jantar de Estado em vinte minutos para depois deixar a mesa, é uma exceção marcante. "Ah, mas ele era da Córsega!", alguns franceses dirão.

A cozinha francesa começou a se tornar referência mundial no século XVIII. Auguste Escoffier, condecorado com a maior honraria da França, a *Légion d'Honneur* (Legião de Honra), disse: "Saber comer é saber viver". No país, comer e beber equivale a uma experiência espiritual.

Mostrar apreciação diante da comida é importante. A expressão *Mes félicitations, madame; votre repas est merveilleux* ("Parabéns, senhora. A comida está maravilhosa") conquistará a simpatia de quem o está recebendo ou do restaurante local. As pessoas gostam de discutir culinária e vinhos e comparar os méritos de diferentes modos de preparo, de comer e beber.

Dois exemplos um pouco medonhos provam isso. Sabemos, por exemplo, que, antes de ser executado, durante a Revolução Francesa, em 1793, Luís XVI ingeriu três sopas, quatro entradas, três pratos de assados, quatro pratos de doces, pedaços de bolos decorados, três compotas, três tipos de frutas, champanhe, vinhos Bourdeaux, Malvoisie e do Porto, seguidos de café.

Em janeiro de 1996, o presidente Mitterrand faleceu de câncer. Registros biográficos dão conta de que, alguns dias antes de morrer, ele celebrou o *réveillon* de são Silvestre com os familiares e os amigos íntimos e comeu três dúzias de ostras, duas *ortolans* (hortulanas, pequenas aves), *foie gras* e frango-capão. Em seguida, voltou para Paris só com seu médico e recusou-se a comer qualquer coisa até morrer.

VINHO

O vinho é o acompanhamento natural das refeições, e sua escolha e degustação são uma arte. O vinho deve ter a coloração, o aroma e o sabor apropriados, harmonizando-se com os diferentes pratos. Os melhores restaurantes oferecem vários tipos de vinho para a entrada, o prato principal e a sobremesa. O vinho *rosé* ou o *blanc* (branco) são servidos com entradas; o *rouge* (tinto), com pratos principais; o branco seco, com peixes; e o vinho doce, com sobremesas. A etiqueta exige que você limpe os lábios com um guardanapo antes de provar um novo tipo de vinho e segure o cálice pela haste a fim de não prejudicar a apreciação completa da cor e da qualidade da bebida.

Há uma grande quantidade de regiões vinícolas na França, mas tradicionalmente as principais são as de Bordeaux e Borgonha (tanto tintos como brancos). Os vinhos da região da Borgonha são elaborados a partir da cepa Pinot Noir e, de modo geral, são ligeiramente mais secos, enquanto os vinhos da região de Bordeaux são elaborados com uma mistura de castas – Cabernet Sauvignon e um pouco de Merlot. Esses últimos tendem a ser mais frutados e com teores mais altos de tanino. Os vinhos Beaujolais, mais leves, da parte sul da Borgonha, são preparados a partir da uva Beaujolais Gamay, e os mais encorpados, das Cotês du Rhône, de uma mistura de nove diferentes tipos de uva. Também famosos são os vinhos brancos Muscadet, do vale do Loire, e Riesling, da Alsácia. O mais famoso de todos é o vinho branco espumante da região de Champagne, centrada no vale do Reims.

Os vinhos são também classificados segundo a qualidade. Os principais portam um rótulo com os dizeres *appellation contrôlée*, mas é possível comprar *vins de pays* (vinhos locais) muito bons; diversos vinhos da região sul são locais, e vale a pena provar os *vins de paille* (vinhos em que as uvas foram deixadas para secar sobre palha ao sol).

Uma dos deleites de viajar pela França é a oportunidade de desfrutar vinhos e iguarias da região, e o *Syndicat d'Initiative* ou os restaurantes geralmente fazem propaganda desses produtos. Muitos franceses permanecem completamente leais a seus vinhos locais. O vinho normalmente é servido a crianças com mais de 14 anos, mas até crianças menores já experimentam a bebida, diluída em água.

QUE RESTAURANTE ESCOLHER?
O principal guia de restaurantes franceses é o *Le Guide Rouge Michelin* (*Guia vermelho Michelin*), que lista os restaurantes visitados por especialistas, os quais lhes concedem uma, duas ou três estrelas, segundo o grau de qualidade. As estrelas desse guia ainda são extremamente valorizadas, tanto na França como

internacionalmente. Outro guia que tem uma boa reputação na França é o *Gault&Millau*.

Para criar entrosamento com seus colegas franceses, uma boa ideia é convidá-los para um almoço – mas deixe que eles escolham o restaurante e o vinho. Eles o farão de forma muito sensível e apreciarão sua discrição enquanto você estiver desfrutando essa experiência.

Se estiver numa cidade pequena, escolha um restaurante, obviamente, cheio. É onde os moradores normalmente comem. Há uma diferença entre os vários tipos de restaurantes, que, se você estiver viajando pela França, deve conhecer.

Restaurantes

Os restaurantes ficam abertos tanto para o almoço como para o jantar e, de modo geral, fecham aos domingos e às segundas-feiras. Assim, é importante verificar os horários de funcionamento e fazer reservas. Espera-se que você coma três pratos e peça vinho.

Brasseries

As *brasseries* são casas que ficam abertas o dia todo e servem um número limitado de pratos, sempre disponíveis. Se você quiser, pode pedir apenas um prato principal. Além dos restaurantes e das *brasseries,* fique atento aos *relais routiers*.

Bistrots ou *bistros*

Os bistrôs são restaurantes locais pequenos. O nome é uma palavra emprestada da Rússia. Aparentemente, os cossacos russos, ao partirem de Paris no século XIX, batiam na mesa gritando *Bistro!*, que significa "Rápido!". Assim, os bistrôs passaram a ser estabelecimentos em que se serviam refeições caseiras de preparo rápido.

Se você quer uma refeição rápida em qualquer restaurante, peça um *steak frites* (bife com fritas). O garçom perguntará se você deseja o seu bife *saignant* (malpassado), *à point* (ao ponto) ou *bien cuit* (bem passado). A menos que você queira a carne praticamente crua, peça "ao ponto".

ALMOÇO E JANTAR

Os franceses adotam o almoço de duas horas, entre meio-dia e 14 horas. Na região sul, pode também haver uma sesta. O almoço e o jantar seguem o mesmo modelo, com aperitivo, seguido de entrada, prato principal, salada, queijos e sobremesa. Após a sobremesa, você normalmente será servido de um digestivo (conhaque, *armagnac* ou o *eau de vie* regional). As exigências do mundo do trabalho e uma maior consciência sobre questões relativas à boa forma estão alterando essa rotina, mas lembre-se de que os franceses inventaram a *nouvelle cuisine*. Assim, está mantida a tradição das longas refeições, apesar de mudarem os alimentos, agora mais leves e simples.

O aperitivo

Antes das refeições, normalmente os franceses vão lhe oferecer um aperitivo. Pode ser água ou refrigerante, mas, de modo geral, é uma bebida alcoólica, como gim e tônica, *pastis*, como Pernod ou Ricard (anisetes servidos com água), ou um martíni. Eventualmente, eles também consomem Suze (bebida amarga, parecida com Campari, feita de ervas).

Um aperitivo, ou *apéro*, à base de vinho bastante popular é o *kir* ou *kir royal*. O *kir* é feito de vinho branco misturado com suco, como *cassis* (groselha negra) ou *péche* (pêssego). O *kir royal* é feito com champanhe no lugar do vinho branco.

Etiqueta nas refeições

Na França, as refeições são sempre acompanhadas de pão, consumido ao longo de toda a refeição, exceto com sopa, e que jamais pode ser mergulhado, ao menos não na frente de outras pessoas. A exceção fica por conta do desjejum, em que você pode ver franceses molhando *croissants* ou pedaços de pão no café com leite. Não corte o pão com a faca; parta-o com a mão. Normalmente não há tigelas para pães nas mesas. A etiqueta requer que você se contenha de mordiscar o pão até que efetivamente comece a refeição.

A etiqueta também exige que suas mãos e seus punhos, mas não os cotovelos, estejam sempre sobre a mesa. No entanto, uma olhada rápida em qualquer restaurante mostrará que muitos franceses depositam os cotovelos sobre a mesa quando não estão comendo. Apesar disso, todas essas regras devem ser lembradas se você faz parte de uma sociedade polida. O segredo é observar os franceses e agir da mesma forma que eles. Isso é particularmente importante na hora de se servir de água ou vinho. Normalmente, o copo maior é para água.

Entradas (*hors d'oeuvre*)

Nos melhores restaurantes, os garçons podem lhe oferecer, de cortesia, um *amuse--bouche* (abridor de apetite) de peixe ou patê, e, eventualmente, entre os pratos, um *sorbet* de frutas para limpar o paladar. As entradas em restaurantes normalmente consistem de *crudités* (lascas de legumes crus), *charcuterie* (frios) ou ostras.

Prato principal

Embora o padrão de uma refeição francesa não varie, o mesmo não acontece com o cardápio. A Normandia é famosa por iguarias cozidas na manteiga e no creme, adicionando-se cidra e *calvados* (conhaque feito de maçã). A Borgonha, por

pratos cozidos ao vinho; Périgord, por aves conservadas na própria gordura e *foie gras*, e a Alsácia, pelo chucrute (*sauerkraut*). A Provença, no sul, oferece pratos condimentados à base de azeite de oliva, alho, pimentões e tomates.

Os legumes podem ser servidos separadamente do prato principal. É comum ter sal e pimenta na mesa, mas você não é incentivado a utilizá-los; isso sugeriria que o *chef* deixou de temperar corretamente a comida.

Salada, queijos e sobremesa

A salada pode seguir o prato principal, e os queijos sempre precedem a sobremesa. De modo geral, as pessoas se servem de até três tipos de queijo, e, em ambientes mais tradicionais, elas normalmente limpam o paladar com um gole de

vinho entre um e outro tipo. A refeição termina com a sobremesa, sorvete de massa ou frutas, e é seguida por café preto ou às vezes *tisane* (chá de ervas). Posteriormente, pode ser oferecido um *digestif* (conhaque ou licor).

Bebidas

O vinho é a bebida servida à mesa tradicional. Geralmente, um vinho de mesa é bebericado enquanto chegam os pratos. É uma atitude muito grosseira ficar embriagado. Para evitar que seu copo seja cheio novamente, deixe sempre um pouco de vinho nele. Água de garrafa também é servida, natural (*non-gazeuse*) ou com gás (*gazeuse*). As águas engarrafadas mais comuns são a Badoit (com gás) e a Évian (natural), embora a água natural possa variar de acordo com a fonte local. Se você quiser água de torneira (100% potável), peça *une carafe d'eau*.

Os vinhos são servidos em garrafas ou meias garrafas (*une bouteille* ou *une demi bouteille*), ou em *carafe* (jarra).

Existem *carafes* de um litro, 750 ml, 500 ml e 250 ml. Se você estiver sozinho, pode pedir *un pichet de vin* (uma pequena jarra) ou *un quart* (um quarto). Essa medida serve um copo e meio. Se estiver acompanhado, *un demi* provavelmente será suficiente, mas, em um grupo de três ou mais pessoas, recomenda-se *une carafe de maison* (uma jarra de vinho da casa). Na França, o *vin maison* (vinho da casa) é sempre uma boa pedida.

Preços

Os restaurantes franceses geralmente exibem seus preços no lado de fora. Se não existir uma tabela de preços à mostra, supõe-se que o restaurante seja muito caro. A maioria dos restaurantes normalmente oferece um *menu touristique* (cardápio para turistas), tabelado, ou um *menu gourmand* – que não é para comilões, mas para pessoas que gostam de uma boa comida!

> ### GORJETAS
> Na maior parte dos restaurantes e cafés franceses, a conta virá marcada com *service compris*. Isso indica que o serviço está incluído no preço. Se estiver marcado *service non compris*, então supostamente você precisa adicionar de 10% a 12,5% do valor da conta. Ainda que o serviço esteja incluído, é comum arredondar a conta para cima, chegando ao euro inteiro mais próximo, e deixar o troco no prato.

LA VIE CULTURELLE (A VIDA CULTURAL): MUSEUS E PASSEIOS

Para descobrir os eventos do momento em Paris, é possível comprar o *Pariscope*, um guia semanal em francês, ou acessar o site www.parisinsidersguide.com/what-to-do-in-paris.html. Para o restante da França, acesse sites como o www.francetravelguide.com.

Os amantes de ópera podem comprar ingressos antecipadamente pela web. Os pôsteres em muros e em cabines telefônicas anunciam eventos locais e filmes.

Os horários de abertura de museus estão listados nos principais guias e também nos jornais. Vale a pena consultar essas referências, pois os museus locais frequentemente fecham às segundas, e os nacionais, geralmente às terças ou eventualmente às quartas-feiras, ou mesmo num horário muito mais cedo que o normal.

Praticamente todos os museus e observatórios cobram taxa de entrada. Em geral é possível comprar um ingresso que permite a entrada em vários museus e observatórios locais. A vantagem desse ingresso é que ele lhe dá acesso imediato, sem ter de enfrentar filas.

Visitação a igrejas

Além das principais atrações turísticas oferecidas pelas grandes catedrais, como a de Notre-Dame, em Paris, Chartres e Reims, as igrejas espalhadas pelo país podem ser uma fonte de experiência cultural, pelos afrescos históricos, pelas pinturas e pela arquitetura que apresentam, e, desde que estejam abertas para cultos, a entrada é gratuita. As igrejas frequentemente apresentam recitais com órgãos e concertos grátis, particularmente no verão.

O CENÁRIO ARTÍSTICO

A arte e a cultura são muito acessíveis. Os artistas locais fazem *vernissages* (abertura de exposições) com um grupo de amigos, e, com um copo de vinho na mão, você vai ter a oportunidade de conhecer os outros convidados e falar com eles. Durante um fim de semana por ano, geralmente o terceiro de setembro, acontecem

Les Journées du Patrimoine (Dias do Patrimônio). Nessa ocasião, grande parte dos tesouros franceses é aberta gratuitamente ao público, ou com um preço reduzido. Museus ou mansões grandiosas geralmente oferecem uma *visite insolite* (visita insólita) – uma oportunidade de conhecer os bastidores das artes e ver tesouros que normalmente não são mostrados ao público. Mais uma vez, você encontrará detalhes no *Syndicat d'Initiative*.

LA VIE SPORTIVE (A VIDA ESPORTIVA): LAZER E ESPORTES

Os franceses são admiradores dos esportes. Além dos internacionais, como futebol e rúgbi, gostam muito de ciclismo e esqui. A corrida de bicicleta mais famosa, a Volta da França (*Tour de France*), ocorre em junho e julho, e o vencedor de cada etapa ganha a cobiçada camiseta amarela. Muitos franceses tiram uma semana de folga no inverno para praticar esqui nos Alpes ou nos Pirineus. Esportes aquáticos, como *windsurf* e *jet*

ski, também são populares na grande linha costeira do país durante o verão. Até mesmo as praças de pequenos vilarejos são utilizadas para fins esportivos. Saia ao entardecer e você verá um grupo de pessoas (geralmente homens) praticando *boules*, uma espécie de bocha.

O Ministério do Turismo francês investe fortemente no fornecimento de instalações e informações. O *Syndicat d'Initiative* de cada cidade vai orientá-lo sobre o esporte que pode ser praticado e visto onde você estiver, mas você também encontrará placas anunciando essas atrações. Uma recente iniciativa é explorar os cursos d'água do interior, em barcos alugados.

Para os amantes de caminhadas e passeios de bicicleta, há grandes oportunidades e instalações para desfrutar a região rural do país. Há *auberges de jeunesse* (albergues da juventude) e *campings* em muitos pontos turísticos. Alugue uma bicicleta: o noroeste francês é relativamente plano, e é interessante explorar vilarejos retirados e ruínas celtas.

U3A

Conhecida como U3A, a Universidade da Terceira Idade disponibiliza uma série de programas acadêmicos, normalmente sediados em uma universidade local, os quais objetivam ajudar os aposentados a se envolverem no aprendizado. Fundada pelo professor Pierre Vellas, em Toulouse, em 1973, a U3A se espalhou pelo mundo. Em 2009, foi criada uma universidade virtual que fornece programas para os aposentados que não podem sair de casa.

LE PIQUENIQUE E *LE CAMPING*

Os franceses são grandes admiradores de atividades ao ar livre, e o piquenique e o acampamento – ambos feitos em grande estilo – são muito populares. Os *aires* (estacionamentos) adjacentes a rodovias fornecem excelentes espaços para um piquenique. Há, também, áreas de acampamento com instalações impecáveis nas melhores localidades francesas.

Capítulo **Sete**

VIAGENS

VIAGENS DE CARRO

Por contar com baixa densidade demográfica, a França é um dos países mais agradáveis da Europa para viajar de carro. Há uma rede de autoestradas (*péages*) com pedágio, rodovias (*routes nationales*) e estradas secundárias bem conservadas. Fora das principais cidades, parece que o tráfego flui relativamente bem, mas os motoristas franceses podem ser "pés de chumbo" no volante. Na França, dirige-se pela via da direita, e as velocidades e as distâncias são medidas em quilômetros.

A velocidade limite é de 130 km/h nas autoestradas, 90 km/h nas rodovias e 50 km/h nas estradas de áreas

urbanas. Os motoristas franceses nem sempre observam esses limites e normalmente piscam os faróis para os carros que passam em alta velocidade no sentido contrário, para alertá-los sobre a presença de comandos policiais.

As autoestradas francesas são essencialmente controladas por pedágios. Quando você entra nesses postos, é possível pagar com moedas ou apanhar um tíquete e pagar no próximo posto. As *routes nationales* (com o sinal N) correm paralelamente a elas e são gratuitas, assim como as rodovias D mais estreitas, ou *routes départementales*.

Tanto em uma como na outra, há interseções circulares ou rotatórias. Tradicionalmente, na França, os carros que vêm da direita têm preferência, mas hoje em dia é preciso dar passagem para os carros que já estão circundando a rotatória. Muitas já apresentam placas sinalizando que *Vous n'avez pas la priorité* ("Você não tem a preferência") e para *Cédez le passage* ("Dar passagem").

No que diz respeito aos pedestres, os motoristas franceses não são muito zelosos. Mesmo que haja faixas para pedestres, não é inteligente caminhar confiante em seu direito de passagem. Consequentemente, para diminuir a velocidade dos carros nas vias, há cada vez mais lombadas nas estradas de regiões que estão crescendo, e elas são suficientemente duras e altas para danificar a suspensão do carro se dirigido além da velocidade permitida.

Na França, é obrigatório que os motoristas portem certos itens. Um deles é o triângulo vermelho de sinalização, que deve ser colocado atrás do carro em caso de parada imprevista por causa de

acidente ou avaria. Outro é o estojo de primeiros socorros da Cruz Vermelha, que possibilita atendimento de urgência após um acidente. Finalmente, no caso de motoristas de carros importados da Inglaterra, devem ser instalados atenuadores de luz nos faróis, para não ofuscar os motoristas dos outros carros durante a noite. Além disso, cada automóvel deve portar um conjunto extra de lâmpadas de mão para o caso de quebras. Se a polícia pará-lo por qualquer razão, você será multado se não tiver esses itens de segurança.

Abastecer com gasolina (*essence*) não é difícil. A França tem tanto postos de abastecimento com autoatendimento (cartão de crédito) como postos assistidos por frentistas. A principal marca francesa – Total – tem seus próprios postos. Há três tipos de gasolina, *sans plomb* ou *superplomb* (ambas sem chumbo) e *gasoil* (diesel).

Como é de longe a maior cidade francesa, Paris é o maior desafio encontrado pelos motoristas. O sistema de mão única pode ser irritante, e a escassez de locais para estacionar, muito frustrante. Os motoristas estacionam nas menores brechas encontradas e fazem uso dos para-choques para forçar o espaço entre os carros estacionados. No centro, as áreas de estacionamento têm parquímetros, com altos preços, para desestimular as pessoas de utilizar condução própria em vez de transporte público.

Paris tem um anel viário em sua volta, denominado *Boulevard Périphérique*. É o melhor meio de evitar a parte central da cidade, mas essa solução também fica lotada de carros nas horas de pico, entre 7 e 9 horas e 16 e 20 horas. Se você estiver dirigindo por esse anel e ficar inseguro sobre a sua saída, procure permanecer na pista da direita, ou pista de saída. Normalmente, você verá placas de cinco quilômetros e um quilômetro, alertando-o de que está se aproximando do ponto de saída.

Há dois períodos em que se devem evitar as estradas principais: nos fins de semana que caem próximo de 31 de julho/1º de agosto e 31 de agosto/1º de setembro. O mês com mais festividades nacionais é agosto, e empresas e fábricas inteiras fecham as portas durante esse recesso. Assim, no início e no final desse mês, as principais rodovias ficam entupidas. A chamada Rota do Sol, que vai de Lyon até o sul, fica abarrotada de carros empilhados com equipamentos de *camping* e bicicletas ou rebocando *trailers*, e todos os motoristas disputam posições, estressados e de mau humor com o inevitável congestionamento. Não é uma época muito apropriada para um estrangeiro dirigir nas rodovias francesas, e os próprios franceses consideram a RN 1 (*Route Nationale 1*, que percorre a linha norte-sul) uma via muito perigosa. Outros períodos críticos e muito complicados nas rodovias francesas são os feriados nacionais de 14 de julho e de 15 de agosto.

O uso de cinto de segurança é obrigatório, e é ilegal transportar crianças no banco da frente, mesmo se elas estiverem utilizando cinto ou no colo do passageiro. A polícia francesa aplica a lei com rigor, especialmente no caso de embriaguez ou de direção perigosa, e pode cassar a carteira de motorista imediatamente no caso de motoristas flagrados acima do limite de velocidade. Por outro lado, ela pode ser especialmente tolerante no tratamento de estrangeiros que dirigem carros importados. Em lanchonetes de beira de estrada, só é permitido comprar bebidas não alcoólicas, incluindo cerveja sem álcool, a menos que você compre também algum tipo de alimento.

Para evitar engarrafamentos, os guardas franceses buscam oferecer itinerários alternativos, convidando os veranistas a tentar diferentes rotas anunciadas com placas de trânsito que mostram a figura de um bisão negro, animal emprestado ao nome da operação viária – *bison futé*. Essas operações também são divulgadas pelo rádio e pela TV franceses.

Aluguel de carros

Alugar um carro na França é como em qualquer outra parte do mundo, e você terá de apresentar sua carteira de motorista internacional, além de seu certificado de seguro internacional (cartão verde).

Multas

Na França, você pode ser multado em flagrante por excesso de velocidade, além de perder pontos na carteira. As multas geralmente são pagas em dinheiro, mas você tem 24 horas para contatar a *gendarmerie* (delegacia) local se tiver somente cartão de crédito.

Seguros
Confira se o seu seguro médico é válido na França; na hipótese de ocorrer algum acidente, o tratamento hospitalar pode sair muito caro.

SNCF
Muitos viajantes costumam utilizar o sistema ferroviário francês – SNCF (Société Nationale des Chemins de Fer, a Companhia Ferroviária Nacional). Esse sistema é muito eficiente e mantém vagões limpos e assentos confortáveis. O *train corail* (trem expresso) comporta um vagão especial para crianças, onde elas podem brincar, e, no verão, são previstas exibições ao vivo sem custo adicional. O vagão pode se transformar numa sala de cinema, num salão de exibições ou num palco com atores regionais.

É possível comprar bilhetes antecipadamente pela internet em www.SNCF.fr (veja o capítulo 9) e nas estações. Antes de entrar no trem, você deve validar seu

bilhete, introduzindo-o numa pequena catraca, que o picota e estampa nele a data. Como há inspeção regular de fiscais no interior dos vagões, procure agir corretamente para evitar uma multa pontual.

O sistema TGV (*train à grande vitesse*, ou trem de grande velocidade) oferece conexões super-rápidas de Paris às capitais regionais. Os bilhetes dessas linhas devem ser reservados com antecedência.

Um dos meios mais rápidos de chegar a Paris partindo de Londres é pelo Eurostar. Esse trem leva você da St. Pancras International, no centro de Londres, à Gare du Nord, em Paris, em cerca de duas horas e meia. Há trens também para Bruxelas, na Bélgica, com uma curta parada em Lille.

O serviço é rápido, razoavelmente confortável e dispõe de um bom atendimento bilíngue aos usuários. Há disponibilidade de três categorias de preços: padrão (turista), padrão *premier* (com uma refeição leve) e o completo *business premier*.

PASSEIOS EM PARIS

O *métro*

O meio mais fácil de passear por Paris é pegando o metrô. As estações são identificadas pelos transeuntes por um sinal com um grande "M" nas ruas. Nesse sistema de transporte, você precisará apenas de um bilhete, qualquer que seja a extensão de sua viagem. Para evitar filas nas bilheterias (*guichets*), é possível comprar bilhetes múltiplos (*carnets*) com dez unidades, em bancas de jornal ou nos *cafés-tabacs*. É possível ainda comprar os bilhetes nas próprias estações de metrô, nos ônibus ou no RER (ver p. 130), dentro dos limites da cidade.

A maioria das estações de metrô já dispõe de máquinas automáticas de bilhetes, chamadas *rechargement navigo*. Pressione um botão para obter instruções em inglês e gire o menu para descobrir o serviço desejado, como comprar um bilhete múltiplo com dez unidades. Pague os bilhetes com cartão de crédito ou dinheiro.

Se você está viajando do Reino Unido para Paris pela Eurostar, é possível também comprar bilhetes de metrô no guichê de câmbio na ala de embarque. Essa é uma boa forma de evitar as longas filas que se formam na Gare du Nord.

Cada linha é identificada por seu número, que é branco ou preto sobre um círculo colorido. A sinalização indicará a direção da linha dando o nome da última parada. Se você tiver de mudar de linha, siga os sinais com *correspondence* (baldeação) e dirija-se até a nova plataforma.

Se você vai ficar em Paris por algum tempo, talvez valha a pena comprar uma *carte orange* semanal, embora ela esteja ficando obsoleta, sendo substituída pelo *passe navigo*. Para tirá-lo, é preciso um passaporte com foto, e o passe poderá ser comprado em qualquer estação de metrô de Paris. É possível usar seu *passe navigo* no ônibus, no metrô e no RER (veja a seguir). A propósito, esses passes são emitidos para as várias regiões de Paris. A menos que você esteja se deslocando pelas regiões periféricas da cidade, provavelmente só precisará de um, para as zonas 1 e 2.

Ônibus

Alguns visitantes se recusam a pegar o metrô, preferindo ver os pontos de interesse enquanto se deslocam pela cidade. É possível comprar um mapa com as rotas dos ônibus, que mostram claramente aqueles específicos para cada região e os pontos de baldeação. Para validar o bilhete, suba no ônibus e fure-o com um dispositivo instalado na frente ou no meio do veículo. Saiba que os franceses não respeitam muito a formação de filas para subir nos ônibus. É possível usar os bilhetes do metrô nos ônibus. A Linha 72, que vai do Hôtel de Ville (sede da prefeitura) com destino à Torre Eiffel, é uma rota particularmente boa porque passa por muitos pontos turísticos.

RER (*Réseau Express Régional*)

É o sistema suburbano de trem parisiense. Em alguns trechos, a rede é subterrânea e, em outros, aérea. É o melhor meio de chegar à Disneylândia ou ao centro de Paris, partindo do Aeroporto Charles de Gaulle. Leva cerca de quarenta minutos de trem do centro de Paris na Linha A do RER até Marne La Vallée Chessy. Visite o site www.transilien.com para encontrar as melhores rotas de viagem dos trens da linha ferroviária nacional (SNCF).

Você pode usar seus bilhetes de metrô no RER, dentro da zona 1, pois ele é gerenciado pelo RATP (Departamento de Transporte Público de Paris). Uma vez na plataforma, você verá um quadro de partidas e chegadas na parede. Os trens são identificados na frente por nomes estranhos, como NEMO ou TALE. Há também um quadro de avisos na plataforma mostrando quais as estações servidas pelo trem (*stations desservies*).

Bilhetes

Guarde seus bilhetes. Você vai precisar deles para entrar nas estações do RER e do metrô e, eventualmente, para sair delas. Também deverá mostrá-los por ocasião das inspeções feitas por fiscais dentro dos vagões.

Horas de pico

As horas de pico no RER e no metrô em Paris são das 7 às 9 horas e das 18 às 19h30. São os períodos em que se deve evitar carregar mochilas grandes, malas pesadas ou carrinhos de bebê, se você tiver outras opções.

ONDE SE HOSPEDAR

A indústria hoteleira francesa é claramente classificada de acordo com as instalações oferecidas, de uma a cinco estrelas. Os hotéis duas estrelas podem ter itens básicos, mas aceitáveis, e são relativamente baratos. Os guias vão orientá-lo sobre os melhores hotéis em cada região. Normalmente, você vai pagar um preço fixo pelo quarto, e não por pessoa, e o café da manhã com

frequência não está incluído. Alguns hotéis têm um restaurante anexo. *Chambres d'hôtes* são estabelecimentos parecidos com pousadas, que podem oferecer *table d'hôte*, um jantar leve.

Se você cogita permanecer mais tempo, pense em alugar um *gîte*, ou casa de campo rústica, em que o hóspede pode preparar as refeições. Geralmente são casas antigas que foram reformadas e lugares confortáveis e interessantes para ficar durante uma semana ou mais. *Gîtes de France*, o grupo organizador, também opera um sistema de *chambres d'hôtes* (quartos de hóspedes).

Pego de surpresa
Quando estiver viajando, você ocasionalmente precisará usar o banheiro. Eles normalmente portam o sinal WC ou *toilettes*. As toaletes masculinas e femininas são geralmente indicadas por uma ilustração ou, às vezes, por H (*Hommes*/Homens) e F (*Femmes*/Mulheres), ou, mais tradicionalmente, M (*Messieurs*/Senhores) e D (*Dames*/Senhoras). Existem banheiros

públicos, mas você será mais bem servido se for a um café e utilizar suas instalações, para o que deveria pedir uma bebida ou ao menos deixar uma pequena gorjeta. Algumas toaletes têm um atendente, que fica na entrada e espera receber uma gorjeta por manter as cabines limpas e equipadas.

Lembre-se de que nos vilarejos das regiões rurais francesas ainda existe a *toilette turque*, onde você tem de se abaixar com os pés posicionados sobre plataformas de porcelana, dispostas ao lado de uma fossa.

Finalmente, para os admiradores da velha França, hoje em dia os famosos *pissoirs* praticamente desapareceram de cena. Foram substituídos pelo quê? Sanitários, ou *sanisettes*, totalmente automatizados, que são aquecidos e limpos automaticamente. As luzes verde e vermelha indicam, respectivamente, livre ou ocupado, e a maioria deles é gratuita. Procure pelo sinal *entrée gratuite*.

VIAGENS AO EXTERIOR

Cerca de 80% dos franceses desfrutam suas férias anuais no próprio país. Outros viajam para o exterior, onde encontrarão principalmente... franceses. Há os famosos festivais no Club Méditerranée, fundados na década de 1950 por Gérard Blitz, e que tinham a missão de proporcionar férias sofisticadas aos franceses. Atualmente, a clientela do Club Med é muito mesclada, com pessoas de todas as regiões do mundo, e o grupo mantém *resorts* no sul da França. Para desfrutar uma grande experiência de viagem e ótimas instalações nas férias, não há nada melhor do que ser um associado.

Capítulo **Oito**

RECOMENDAÇÕES NOS NEGÓCIOS

EMPRESAS E GOVERNO

Há uma ligação muito estreita entre as empresas francesas e o governo. Ela é, de fato, tão próxima que os ministros de Estado podem trabalhar em cargos na indústria, e os executivos, em funções no governo. Os franceses têm uma palavra para isso: *pantoufler* – que vem de "pantufas". Tanto os ministros socialistas como os conservadores podem intercambiar entre os dois lados. Parte da razão para isso é que os principais líderes da indústria e do governo franceses tiveram o mesmo tipo de ensino, visto que se formaram nas prestigiosas *Grandes Écoles*.

Tradicionalmente, um papel-chave do governo central era o de proteger a indústria francesa, o que foi modificado pelas regras da União Europeia, por causa da descentralização e da privatização. Um efeito da descentralização foi que as decisões sobre as manufaturas locais são tomadas pelo departamento, pela cidade ou pela comunidade locais. A câmara de comércio local agora geralmente atua como intermediária entre os empresários estrangeiros e os da região, em vez de um *notaire* (procurador/representante público), cujos honorários são fixados pelo governo, com serviços mais caros.

À medida que o Estado fica mais ciente das pressões sobre o erário público causadas por sua enorme participação em empresas de infraestrutura e organizações nacionais, há cada vez mais movimentos no sentido de privatizar partes da indústria estatal e formar *joint ventures* com empresas estrangeiras.

Finalmente, as regras da UE têm desencorajado o protecionismo e, até certo ponto, estimulado maior abertura para investimentos estrangeiros.

À medida que a França privativa, moderniza e desregulamenta, qual tem sido o efeito no estilo de administração francês?

OS CHEFES FRANCESES

Os gestores franceses são, acima de tudo, tecnocratas. São líderes carismáticos de suas companhias, com alto grau de formação, e dominam os detalhes organizacionais e técnicos requeridos para administrá-las. É provável que um gestor francês tenha prontamente disponíveis todas as informações que gestores de outras nacionalidades teriam de procurar quando necessário ou saberiam somente como uma "estimativa". Na França, os gestores são muito interessados em saber os detalhes do processo, enquanto seus pares estrangeiros podem ficar mais preocupados com os resultados.

O executivo principal de uma empresa francesa é o PDG (*président directeur général*, ou presidente diretor--geral), que exerce controle absoluto na companhia. Prevê-se que ele tenha um estilo autoritário e administre a empresa com perspicácia e precisão. Os PDGs podem ser bastante distantes dos outros gestores da organização. A autoridade que possuem é baseada na formação e na competência, cabendo-lhes tomar todas as decisões importantes.

Um fator importante nas organizações francesas é que seus executivos comungam basicamente da mesma formação. Conforme apontado anteriormente, muitos PDGs já ocuparam cargos no governo no passado, foram alunos de alguma escola famosa ou se formaram em uma das Grandes Universidades.

Isso acarreta um forte senso de hierarquia e formalidade nas organizações francesas. Em equipes, as diferenças hierárquicas são respeitadas e enfatizadas, e é raro que os chefes tenham algum grau de socialização informal com seus subordinados. Esse fato pode surpreender colegas brasileiros com um pensamento mais, digamos, democratizado. O estilo hierárquico tem repercussões na eficiência. Os gestores talvez não deleguem tarefas, e os integrantes das equipes podem se sentir desmotivados. Um descontente gerente inglês de uma firma francesa disse que era convocado para reuniões somente para receber instruções; não havia discussões sobre fins, meios ou recursos.

Vale lembrar que um dos valores de um gestor carismático é a capacidade de motivar os integrantes da equipe, fazendo-os "comprar" a sua visão pessoal. Quando os subordinados reconhecem que a base lógica do projeto é robusta e que sua contribuição é valiosa, então darão duro no trabalho.

As decisões tomadas na direção nem sempre são rápidas. Pode haver discussões prolongadas sobre os fundamentos relacionados a diferentes sistemas, e os argumentos talvez foquem mais na consistência intelectual do que em soluções criativas ou pragmáticas. Os franceses suspeitam muito de riscos e soluções fáceis, e, novamente, isso pode retardar um pouco o processo de tomada de decisões.

MULHERES NO COMANDO

Embora haja um número muito grande de mulheres francesas inseridas no mercado de trabalho, e a igualdade profissional entre os gêneros seja exigida por leis que vigoram desde 1972, as mulheres francesas ainda ganham somente 82% dos salários recebidos pelos homens; elas também detêm os empregos com menor remuneração do país, e duas em três mulheres recebem salário mínimo.

As mulheres estão migrando para cargos de gerência média, mas as pressões da carreira (almoços prolongados e reuniões tarde da noite) minam o equilíbrio entre a vida familiar e a profissional. Por outro lado, o país é muito amigável às causas das mulheres em termos de lhes prover benefícios e licenças generosas durante a maternidade.

As mulheres estão optando por casar mais tarde, em torno dos 25 anos, e também por permanecer na força de trabalho, geralmente com empregos de meio período.

O assédio sexual no trabalho é crime, e, de acordo com a lei sancionada em 1992, os homens acusados com essa infração podem ser multados e sentenciados a até um ano de prisão, mas a lei aplica-se somente aos superiores hierárquicos.

Por outro lado, a tradicional *galanterie* em cima das mulheres no ambiente de trabalho ainda persiste, e elas tiram proveito. O estilo e as roupas elegantes são parte do arsenal feminino nos negócios.

FAZENDO CONTATOS

Os contatos na França geralmente são feitos por meio de carta ou por telefone, com ao menos duas semanas de antecedência, se possível, e jamais em julho ou agosto (meses de férias). Os executivos muitas vezes marcam seus próprios compromissos, ou os executivos seniores podem fazê-lo com a ajuda de uma secretária. No envio de cartas, elas devem ser acompanhadas por uma ligação telefônica para o pedido de uma reunião. Um e-mail ou uma carta simples pode não ser suficiente para expressar real interesse.

As reuniões raramente são feitas fora do horário de expediente, que é geralmente das 9 ou 9h30 às 18 horas. Ocasionalmente, o chefe pode se atrasar e marcar uma reunião para depois desse horário. Você poderá constatar que, uma vez marcada uma reunião, ela só será alterada ou cancelada se houver uma questão mais importante e que demande prioridade.

É importante lembrar que o mês de agosto é sagrado para que os executivos franceses saiam de férias. Não

espere assinar contratos ou agendar reuniões de
negócios durante esse mês.

> **EM AGOSTO, JAMAIS!**
> *Uma empresa de publicidade norte-americana estava em
> negociação para fechar um contrato importante com uma firma
> francesa. O contrato estava pronto para ser assinado no final de
> julho, e o executivo americano, preparado para pegar um voo até
> a França, quando lhe informaram que o executivo francês estava
> partindo para o sul do país a fim de passar férias com a família.
> Ávido para firmar o contrato, o americano insistiu para que o
> colega francês adiasse as férias por uma semana ou retornasse
> a Paris para o dia da assinatura do contrato. Ele tomou o avião
> até Paris e esfriou os calcanhares em uma cidade vazia por uma
> semana. O publicitário francês não retornou suas ligações. O
> contrato não foi firmado, e as negociações jamais prosseguiram.*

De modo geral, os franceses ainda preferem fazer
negócios com outros franceses. No entanto, não basta
fechar o negócio; é muito importante criar um
relacionamento de longo prazo, e esse é o foco
principal – tornar-se parte de uma rede. Portanto, na
condição de estrangeiro, você precisa criar confiança,
se possível por meio de um interesse ou de uma paixão
em comum. Isso pode significar que, para consolidar
um relacionamento, as discussões de negócio passem a
ser secundárias.

FORMALIDADES

Para se fecharem negócios na França, o protocolo é
estrito. Você deve se vestir com elegância, apertar a

mão de todos os envolvidos e utilizar corretamente os nomes formais dos cargos.

Você ainda vai notar que o estilo francês da escrita dirigida para negócios é extremamente formal. As cartas podem demorar muito tempo para chegar. A fim de obter respostas rápidas, prefira utilizar o e-mail ou o telefone.

É interessante que, na era da internet, as empresas francesas de maior porte ainda valorizam cartas com caligrafia bem trabalhada, que poderiam ser analisadas por um grafólogo. As crianças aprendem desde cedo a ter uma boa caligrafia, e as pessoas valorizam muito esse aspecto. Solicitações escritas à mão são percebidas como mais pessoais e isentas dos artifícios de "cortar e copiar" dos e-mails.

Dito isso, é certo que o e-mail está se insinuando no processo de recrutamento à custa da grafologia.

Contornando as regras

Para uma nação com um Código Civil que data do século XIX e com uma queda por regulamentações perfeitas, racionais e simples, como os franceses conseguem contorná-las para resolver problemas complicados? Utilizam o que é conhecido por *Système D*. O "D" quer dizer *débrouillard* (ser capaz de contornar problemas). O Sistema D providencia meios de encontrar o burocrata que está preparado para relaxar as regras ou um caso precedente ou especial (*cas particulier*) que possa ser aplicado ao seu próprio caso e lhe dar isenção. Tal artifício jamais é ilegal, sendo sempre muito prático. É o equivalente ao que se faz para driblar a burocracia em muitos países latinos. Reconheça-o, mas nunca lhe faça referência.

REGRAS PARA CONQUISTAR BONS CONTATOS

Faça a lição de casa

Os gestores franceses esperam ter detalhes operacionais disponíveis imediatamente, tanto da parte deles como da sua. É assim que você também deve proceder. Familiarize-se com organogramas – fatos e números de sua empresa e da deles – e com qualquer informação histórica relevante para as discussões. Eles provavelmente farão o mesmo.

Não pense que os negócios são o ponto de partida

Os franceses têm uma orientação bastante voltada aos negócios, mas o relacionamento é importante. Talvez percebam que seria valioso abordar com você alguns assuntos mais "intelectualizados", que podem variar de história a teologia. Isso corresponde a um modo de avaliar o tipo de pessoa que você é e a extensão de suas competências educacionais e intelectuais. Lembre-se de suas habilidades para discutir e dos tópicos preferidos na universidade. Em casos extremos, esse processo pode se prolongar por várias reuniões. Seja paciente e mantenha as portas abertas.

Recorra ao executivo principal

As empresas francesas respeitam a hierarquia. Objetive falar com o tomador de decisões. Certifique-se de que a pessoa com quem você está lidando detém o mesmo cargo que você na organização francesa. Na mesma moeda, não espere discutir detalhes técnicos com gerentes hierarquicamente inferiores. Repasse essa tarefa a um dos colaboradores de sua organização.

Não tenha pressa!

Os franceses detestam se sentir pressionados. Certifique-se de que não está com pressa para consolidar o relacionamento com seu par francês.

> **A IMPORTÂNCIA DOS RELACIONAMENTOS**
> *Uma gerente de RH francesa escreveu a treze empresas para que apresentassem propostas para um projeto de treinamento de longa duração. Todas responderam, e ela rejeitou dez potenciais candidatas. "Apenas três deram prosseguimento solicitando vir conversar comigo", ela explicou. "Uma delas disse que eu havia encaminhado erradamente a proposta; assim, eu a descartei. No final, sobraram apenas duas empresas com as quais poderíamos trabalhar." Foi iniciando um relacionamento pessoal que essas duas organizações de treinamento fecharam o negócio.*

O tédio é imperdoável

Os franceses são notórios por ter o intervalo mais curto de atenção de qualquer povo na Europa. Se você perceber que perdeu a atenção deles, encontre uma questão controversa ou excêntrica para apimentar a conversa. Por outro lado, discussões acirradas e intensas significam que eles estão profundamente engajados e envolvidos. Contrariamente ao que você possa pensar, quanto mais eles interrompem uma discussão, mais envolvidos parecem estar.

Fuja da informalidade

Se lhe oferecerem um cartão comercial, demonstre interesse e respeito. Dê uma olhada breve nele, certificando-se de que contenha os números de contato relevantes, e guarde-o na pasta.

Elevadores e corredores podem causar alguns momentos socialmente embaraçosos. Dê passagem primeiramente para as mulheres, mas, em seguida, a regra é de quem é mais idoso. Se você é a pessoa presente com mais idade, provavelmente será a primeira a entrar no elevador.

Os brasileiros, de modo geral impacientes com a formalidade, eventualmente cometem o erro de partir para a informalidade com os colegas franceses com quem consolidaram um relacionamento de trabalho superficialmente bom. Essa atitude pode receber uma recepção fria. Se você estiver falando francês, sempre use a forma *vous*, e mantenha as formas de tratamento *monsieur* e *madame* até que seja apropriado mudá-las.

Não culpe as pessoas

Manifeste sempre os problemas. "Houston, temos um problema" é sempre melhor do que "Você cometeu um erro". Os erros e a culpa são tabus no mundo dos negócios franceses. Identifique um problema e indique que ele pode ser solucionado. Por outro lado, chamar a atenção dos franceses por um problema e se desculpar por isso é a garantia de assegurar uma resposta positiva e solidária. Lembre-se: ainda que, no seu ponto de vista, a culpa seja deles, os franceses normalmente buscarão um meio de jogá-la em outro lugar.

A diplomacia é essencial

Os vínculos entre governo e empresas não estão tão presentes na França por acaso. Os franceses são mestres em negociações diplomáticas, e essa característica tem se manifestado por séculos. Permita-lhes tempo para que exibam suas habilidades diplomáticas, e não se esqueça de utilizar também as suas. Um segredo da diplomacia é que os preços são secundários, não essenciais. É considerado vulgar mencionar questões de dinheiro no início de qualquer tratativa. Consolidar o relacionamento é sempre o objetivo principal.

TEMPO, AGENDAS E PRAZOS

Há três coisas que os americanos, e cada vez mais os ingleses, consideram sagradas que não são vistas da mesma forma pelos franceses – tempo, agendas e prazos. A importância do tempo é flexível, dentro de certos limites. Para os franceses, é mais importante discutir totalmente uma questão do que manter a agenda. As coisas se movem num ritmo mais lento para possibilitar a consolidação do relacionamento. Se uma reunião consome longas horas, e outras pessoas têm de esperar, elas entenderão.

O problema não é meu

Um colega francês se esqueceu de apanhar um visitante que chegava pelo Eurostar, vindo de Londres, na Gare du Nord, a estação principal de Paris. Ele ia levá-lo a uma reunião numa localidade perto de Versalhes. Quando o visitante ligou para ele, pelo celular, sua primeira resposta foi: "Mas eu só devo encontrá-lo no dia 15". "Hoje é dia 15", replicou o visitante. "*Mon Dieu!*", respondeu o francês, "eu estou sem carro." Em vez de pegar um táxi imediatamente, ele disse: "Pegue um trem, e eu o verei na reunião". Para seu crédito, quando eles se encontraram, após o visitante ter suportado uma viagem confusa e tediosa de uma hora, o francês disse: "Sinto muito!"

O erro não foi meu

Em outro caso, um visitante francês fez um movimento brusco e quebrou um prato Imari japonês no escritório de um colega. Sua resposta não foi: "Perdão, deixe-me pagar pelo prejuízo", mas: "Que lugar mais inapropriado para colocar um prato tão valioso! É claro que uma hora ele iria quebrar!"

A mesma atitude se aplica a manter a agenda. Os franceses consideram todos os itens de uma agenda como se eles estivessem vinculados, e a tratam como se fossem diretrizes, não para serem seguidas rigidamente e, sobretudo, nem para serem cronometradas.

Da mesma maneira, os prazos não são sagrados para os franceses. Se houver um prazo importante, ele deve ser claramente definido e conferido. A regra é: não espere, inspecione – porém de maneira gentil.

Os franceses fazem distinção entre *délai cible* (data-alvo) e *délai ferme* (data fixada ou final). Fazer as coisas com calma equivale a prudência. Os franceses não insistirão em prazos se houver boas razões para atrasos, e eles esperam que você seja igualmente compreensivo.

TEMPO FLEXÍVEL

Durante as negociações para a aquisição de uma empresa francesa, o CEO inglês estava impressionado com a agenda apertada elaborada por seus colegas franceses. Ao saber sobre a atitude francesa em relação a compromissos agendados, ele perguntou: "Então, isso foi simplesmente para me beneficiar?" Seu gerente de vendas meneou a cabeça ironicamente.

MARCANDO UMA REUNIÃO

Já foi discutido que fazer contato com empresas francesas pode levar tempo. Mesmo que você receba uma resposta telefônica rápida, isso não implica comprometimento, e obter comprometimento pessoal é tudo. Uma carta ou um e-mail já é alguma coisa. O executivo que você está contatando está avaliando a solidez de sua empresa, sua formação acadêmica, sua filosofia de vida e seu estilo de modo geral. Sua formação e sua experiência profissional são importantes, talvez ainda mais do que sua proposta comercial. Para esse fim, e todos os fins possíveis, você deve ser apresentado por um colega conhecido da empresa que você está contatando ou, se isso falhar, por sua embaixada ou câmara de comércio.

Se você enviar uma carta de apresentação, não espere receber uma resposta imediata, e não a peça. Uma correspondência é como um relacionamento. Ela flui e tem pausas. Talvez você tenha de enviar várias cartas antes de receber uma resposta positiva.

PREPARE O TERRENO
Uma executiva de telemarketing fez uma ligação de prospecção para a sede de uma das principais multinacionais de Paris, após obter o nome de um contato com o auxílio do gerente de uma das subsidiárias da organização em Londres. A princípio, o respondente francês alegou que não conhecia o contato inglês. Em seguida, após escutar por alguns minutos, disse: "Não, não, senhora, não fazemos esse tipo de coisas por aqui", e desligou o telefone.

As ligações de prospecção podem receber uma resposta fria das empresas desacostumadas a lidar com organizações estrangeiras. As pessoas geralmente usam o telefone para reclamar ou para desviar a atenção de reclamantes. Os franceses preferem muito mais fazer a receber ligações de negócios.

Quando o contato é feito, não pressuponha que a primeira reunião será cordial. Provavelmente ela será gentil, mas sem muito comprometimento. O executivo francês com quem você está lidando estará preocupado em estabelecer o próprio status e o controle da reunião. A atmosfera pode parecer mais fria do que o esperado, apesar de todo o esforço para fazer contato.

Você receberá apreciação adicional se puder se expressar em francês. Caso utilize um intérprete, tente ao menos se apresentar em francês. Não discuta assuntos familiares ou referentes a amigos, mas permita discretamente que o executivo francês conheça seus contatos e sua posição acadêmica. Não espere acordos, planos de ação ou programações de trabalho nessa primeira reunião. No entanto, escreva uma carta agradecendo-lhe o tempo dispensado e também sugerindo uma nova reunião. Se a reunião for longa ou você for convidado para um almoço, então você está "dentro". Mas prefira não contar com isso. A continuidade do contato é o segredo para consolidar um relacionamento de sucesso. O nome do jogo é conseguir uma próxima reunião.

Todavia, a globalização vem influenciando as empresas francesas mais importantes e forçando-as a entrarem no mundo virtual internacional. Com a expansão das operações no exterior, as empresas que tradicionalmente resistiram à globalização e à terceirização têm sido impelidas a participar, o que tem gerado dois efeitos. Primeiro, a internacionalização dos negócios leva os executivos franceses a fazerem muito mais trabalhos em inglês do que o habitual, especialmente se as organizações impuserem a política do inglês como a língua franca, sempre que uma pessoa não nativa estiver na sala de reunião, virtual ou fisicamente. Segundo, as restrições orçamentárias e de segurança em viagens provocam mais e mais contatos virtuais, com gestores se reportando em inglês para gestores estrangeiros que jamais viram pessoalmente. Trata-se de um mundo novo e repleto de ensaios.

NEGOCIAÇÕES

Os franceses são educados para acreditar na lógica. Para eles, é importante construir um argumento lógico com total clareza, consistência e precisão. Eles apreciam argumentos abstratos e projetos bem articulados, e confiam mais na consistência do que no pragmatismo, o que geralmente gera discórdias com os estilos de outros países.

Nas reuniões, é importante que todos contribuam para a discussão. Esse ponto é fundamental. A decisão final pode ser tomada fora da reunião, mas, quando for concretizada, é firme.

Por outro lado, os negociadores brasileiros, americanos e ingleses gostam de concordar inicialmente nas reuniões, mas também de revisar e ajustar os detalhes em seguida. Os franceses não entendem por que os britânicos, em particular, parecem concordar com algo no fim do dia, e depois aparecerem para querer renegociar na reunião seguinte.

A maioria das pessoas considera as negociações com os franceses bastante difíceis. Uma razão é a abordagem deles: enquanto a maioria das partes chega a uma negociação com um grau de senso prático, e a discussão é sobre o que pode ser atingido com aquele preço, os franceses tendem a partir de princípios lógicos e adotam uma abordagem de "Por que devemos fazer isso?". Tal situação indica que a troca de documentos posicionadores antes de uma reunião talvez não seja levada em conta.

As propostas são construídas de maneira lenta, lógica, passo a passo, somente após a análise e a discussão de cada etapa. Isso significa que temos longos debates, e que nada pode ser considerado de graça. Como resultado, os negociadores estrangeiros geralmente se deparam com a interrupção de suas programações e com suas emoções no máximo por terem de voltar para os pontos básicos. As vendas com técnicas de rapidez não darão resultado no país. O importante é se manter calmo e entrar no espírito da discussão.

É vital que você apresente seu próprio argumento logicamente, avaliando com cuidado os pontos positivos e negativos. Os pontos negativos devem ser admitidos, mas equilibrados e superados pelas vantagens. Seu discernimento na apresentação será apreciado. A lógica de seu argumento é importante. Os negociadores franceses irão apontar um erro na lógica à tarde, quando houver uma diferença do que você disse pela manhã.

CONSISTÊNCIA É ESSENCIAL

Em uma reunião de negócios, o francês ouviu educadamente a apresentação do americano pela manhã. Na discussão da tarde, o americano disse algo que fez o francês disparar: "Mas, monsieur, na sua apresentação desta manhã parece que foi dito algo diferente". Foi gasta meia hora para esclarecer a aparente contradição entre os comentários da manhã e da tarde.

Aprende-se disso a lição de que é essencial manter argumentos consistentes.

PONTOS A LEMBRAR SOBRE REUNIÕES

Preparação

Os homens devem usar terno escuro tradicional – preto, azul-marinho ou cinza. Para as mulheres, elegância e estilo são importantes. Você deve se preparar muito bem para sua apresentação e estar apto para argumentar sobre cada ponto. Dê valor a todas as coisas. Tenha em mente os detalhes de sua empresa e de todos os outros interlocutores. Certifique-se de que você será capaz de analisar os benefícios em vez de meramente vendê-los. Faça uma apresentação clara e concisa.

Mantendo a posição

Vise criar um entrosamento e procure concordar com as linhas gerais de cooperação. Como líder da discussão, não tome notas. Seus assistentes o farão por você. Advogados e outros integrantes da equipe lhe repassarão os detalhes. No entanto, esteja preparado para as outras reuniões, a fim de poder lidar com as próximas questões.

Apreciação

Como um executivo sênior francês disse certa vez: "Uma empresa não é uma democracia". Essa frase, no entanto, é bastante paternalista. Os gestores franceses vão valorizar a apreciação que você fizer sobre a modernização que eles atingiram nas operações ou nas instalações oferecidas aos funcionários. Um ambiente de trabalho humano é muito importante para os franceses, e essa preocupação envolve criar um espaço onde as pessoas queiram continuar trabalhando por longo tempo.

Sutileza

Os franceses apreciam um enfoque sutil. Eles respondem à análise, não a dados concretos. Uma sugestão de que pode haver um fornecedor alternativo, em vez de "estamos procurando no mercado", pode obter melhores resultados. Eles reagem adversamente às críticas diretas, e é importante focar no problema, não na pessoa que pode ser responsável por ele.

CONTRATOS

Durante a elaboração de contratos, a equipe francesa insistirá na precisão. Um acordo verbal é somente uma preliminar para um acordo escrito, que, por si, tem vinculação legal. Enquanto os documentos escritos não estão assinados, nada pode ser considerado finalizado.

Os franceses poderão desejar, em seguida, ajustar os termos de um contrato segundo cláusulas circunstanciais, mas normalmente não estenderão a mesma cortesia aos outros.

ALMOÇOS DE NEGÓCIOS

Os franceses são latinos e acreditam que a comida e a bebida são importantes para a criação e a consolidação de relacionamentos. A pessoa que está tentando fechar o contrato paga a refeição. E, reciprocamente, a hospitalidade é muito importante. O conceito "cada um paga o seu" não é, evidentemente, francês.

_152_

Capítulo **Nove**

COMUNICAÇÃO

CARA A CARA

Cumprimentando pessoas

Você está na França, em uma festa ou em uma reunião de negócios. As primeiras impressões contam muito para os franceses. Desse modo, trocar apertos de mão e fazer contato visual é importante. Sorrir não é necessário, e não fique surpreso se não receber um sorriso.

Já vimos que não basta dizer _Bonjour_ ("Bom dia"). As formas corretas são _Bonjour, madame_ ("Bom dia, senhora") ou _Bonjour, monsieur_ ("Bom dia, senhor"). E, certamente, jamais use _tu_, exceto com crianças. Utilize sempre _vous_. Os franceses fazem questão de ser cerimoniosos, e, mesmo que você estiver falando inglês, é bom lembrar e cultivar, pelo menos em princípio, certa reserva.

Muitos franceses têm nomes próprios compostos, como Jean-Claude, Jean-Paul ou Marie-Louise, então esteja preparado para isso. O nome é "Jean-Claude" e não "Jean".

Sobre o que conversar?

É importante falar bem. Os franceses gostam não só de estimular conversas, mas também de perceber que você está _au fait_ (antenado) com o que acontece no mundo. Use a internet para ficar a par do noticiário, das atualidades e das fofocas, e procure nas manchetes dos jornais para ver sobre o que as pessoas estão falando. Como dizem os franceses: "Não basta ter perspicácia. É importante usá-la espirituosamente". Assim, a maneira como você diz as coisas pode ser tão importante como o que você diz. Um *insight* ou uma opinião surpreendente levará as pessoas a se sentarem e quererem conversar. Se você não estiver se sentindo com presença de espírito, não se preocupe. O que importa é o interesse em temas intelectuais, a disposição para discuti-los ou o interesse pela visão de seu anfitrião. Um captador de fundos britânico bem--sucedido jura que tudo o que necessitamos na França para promover uma conversa está contido em três palavras: "Ah, é mesmo?", que estimulariam a outra pessoa a conversar sobre seu assunto favorito durante horas, enquanto aprecia o conhecimento de seu interlocutor sobre o assunto.

Os franceses conversam alegremente sobre suas coleções de vinhos, sobre restaurantes ou esportes, e se interessam pelas impressões que você tem sobre a França. No entanto, há diversos temas aceitáveis nas conversas entre brasileiros que os franceses geralmente preferem guardar para si.

Assuntos familiares
Para os franceses, assuntos familiares são privados. Não fale sobre a sua família e não pergunte sobre a deles, a menos que seu anfitrião sugira. No entanto, animais de estimação, especialmente cães, podem ser um tópico diferente.

Idade e salário
É considerado falta de educação falar sobre sua idade, seu salário e sobre o faturamento de sua empresa.

Política, religião e saúde

Uma discussão abrangente é aceitável, mas em quem você vota, qual igreja frequenta e quando, bem como uma discussão envolvendo suas doenças ou seu analista, são considerados assuntos muitos pessoais.

Humor

O senso de humor francês depende da perspicácia e do jogo de palavras. A ironia dos britânicos lhes escapa. Ter charme é infinitamente mais adequado do que ter senso de humor; flui melhor. Acima de tudo, evite contar piadas racistas, sexistas ou sujas.

Não mencione as guerras

Há duas delas que não é conveniente mencionar: a Segunda Guerra Mundial e a Guerra da Independência da Argélia, e poderíamos adicionar uma terceira: a guerra francesa na Indochina.

Eventos desagradáveis ocorreram nas famílias em todos esses conflitos, e velhas feridas ainda podem se abrir inconscientemente nas conversas mais inócuas. Com essas restrições, os franceses adoram falar sobre política. Qualquer comentário negativo, no entanto, deverá será reservado para o seu sistema político, e não para o deles! A globalização, particularmente, pode ser um assunto complicado.

Repito, essas são orientações gerais. Baseie-se na pessoa com quem está conversando, mas, se for você quem estiver sugerindo primeiramente os temas, evite essas áreas de discussão. Como em todas as conversações francesas, fale brevemente e de maneira leve. Os franceses com frequência comentam sobre os hábitos que os brasileiros têm de falar muito e monopolizar as discussões. Conversar, interromper, ser

interrompido e continuar o papo são pontos
fundamentais de uma boa conversa.

LINGUAGEM CORPORAL

Todos sabem que os franceses falam com as mãos. A
gesticulação é a norma, e isso fica mais marcante à
medida que você vai mais para o sul do país. Os
franceses gostam de ficar próximos entre si. Enquanto
os anglo-saxões preferem se manter a uma certa
distância quando conversam, os franceses ficam
confortáveis ao se aproximarem mais de seus
interlocutores. Sorrir não é algo que os franceses fazem
prontamente, a menos que haja uma situação que
genuinamente mereça um sorriso. Eles tendem a
considerar falsa a simpatia exagerada dos brasileiros e,
portanto, algo de que desconfiar. A melhor aposta deles
é uma reticência dignificada. Similarmente, uma
postura exageradamente relaxada é sinal de má-educação.
Sentar-se de maneira ereta, manter uma boa postura e
não colocar os cotovelos sobre a mesa são atitudes
importantes, embora muitos franceses atualmente já
poiem com satisfação os cotovelos na mesa nos
intervalos das refeições. O segredo é você aparentar que
está perfeitamente no controle de seu corpo e de suas
emoções.

Como um certo controle do corpo é apreciado, o
mesmo pode se dizer da voz. Ensina-se às crianças
francesas que não elevem a voz, e falar alto em público
revela má-educação. Falar claramente é apreciado;
levantar a voz ou gritar já é o contrário. Se você está
acostumado a se expressar de forma incisiva e falando
alto, abaixe o tom.

ALGUNS GESTOS FRANCESES

Contar
Comece com o polegar, e não com o dedo indicador.

Apontar
Não aponte. Para indicar, use a mão aberta. Peça carona com a mão aberta, jamais com o polegar.

Bocejar
Cubra a boca com as mãos. Faça o mesmo quando utilizar palito de dente, virando a cabeça para longe. Use um lenço quando for espirrar, e, se tiver de assoar o nariz em público, vire a cabeça de lado.

Chamar alguém
Faça-o com a palma da mão abaixada, e com todos os dedos apontados para dentro. Não use a palma levantada, tampouco o dedo. Para chamar o garçom, faça-o por contato visual e com um leve aceno.

Polegar levantado
Denota aprovação. O OK americano – com o indicador encurvado encontrando o polegar – significa "desprezível" em francês.

Dar de ombros
É um gesto típico francês que carrega uma reação negativa, indicando: "Bem, e daí?", "Que diabos!", "Não quero saber", "O que eu tenho a ver com isso?" ou "Mas que absurdo". Significa que nenhuma conversação proveitosa poderá se desenvolver.

Estou "cheio"
Como as pessoas que mais facilmente ficam entediadas na Europa, os franceses têm vários meios de indicar que estão saturados. Uma mão passando na altura da testa, os dedos dando pancadinhas nas bochechas, mirar com os olhos fixamente para frente ou tocar uma flauta imaginária podem ser indicadores de que é hora de mudar de assunto.

Outros sinais
Para mostrar que a comida está deliciosa, os franceses podem beijar as pontas dos dedos. Para dizer que alguém é louco, podem colocar o indicador na lateral da cabeça, como os britânicos fazem. Para mostrar que não acreditam em você, podem puxar uma bochecha para baixo com o dedo abaixo dos olhos, para indicar, literalmente, "Meu olho!" ou "Não confio em você".

LA LANGUE FRANGLAISE (A LÍNGUA FRANCO-INGLESA)

Como vimos anteriormente, a língua francesa é uma das glórias da civilização do país, e a Academia Francesa empenha os melhores esforços para preservá-la de ataques externos – particularmente dos americanismos, dos jargões publicitários e da terminologia da computação. Vale lembrar que o francês foi outrora a língua diplomática mundial e que os franceses não querem vê-la esquecida com a *hégémonie anglo-saxonne* (hegemonia anglo-saxônica).

De tempos em tempos, irrompe uma guerra de palavras na imprensa da França sobre como o uso da língua inglesa está destruindo a correspondente francesa. Isso pode ter implicações práticas na instauração de processos contra empresas que utilizam palavras inglesas em seus materiais de propaganda. Por lei, todos os contratos devem ser redigidos em francês e, desde 1994, as propagandas, rótulos de produtos, instruções e placas públicas devem também estar

escritas em francês (ou ser traduzidas para o francês se for exibida alguma língua estrangeira).

> **Consequências comerciais**
> A empresa inglesa de cosméticos naturais Body Shop foi multada em 1996 por divulgar produtos utilizando os termos "no frizz" (não encrespa) num creme de tratamento de cabelos e "pinneaple" (abacaxi) num produto para limpeza facial. Portanto, fique ciente de que não "fazer a lição de casa" pode lhe custar um bom dinheiro.

O francês tradicional não é a única língua falada na França. Vimos que 21% dos franceses alegam que entendem ou falam um idioma regional. A Alsácia tem um dialeto germânico, e o sul do país, o dialeto provençal, bem como o catalão, o espanhol e o basco. Na Córsega, fala-se um dialeto italiano e, no oeste, a Bretanha tem o bretão e muitos dialetos locais.

Além disso, você ouvirá o árabe falado pelos imigrantes do norte da África, bem como as línguas de outros países.

COMUNICAÇÃO CONVENCIONAL E ELETRÔNICA

Agências dos correios

As agências dos correios da França são chamadas *Bureaux de Poste* ou PTT, e abrem de segunda a sexta das 9 às 19 horas e, aos sábados, das 9 às 12 horas. As unidades no interior do país podem fechar entre 12h30 e 14 horas para o almoço. As caixas de serviço são

pintadas de amarelo. Se você deseja comprar apenas selos, a maioria das *tabacs* (tabacarias) os vende, e podem também vender uma série de cartões-postais. A compra de selos nesses estabelecimentos evita que você enfrente fila em uma unidade dos correios. O sistema postal funciona e é confiável.

Endereços
Cada uma das áreas do país é designada por um código postal com cinco dígitos. Os dois primeiros dígitos indicam o *département* (departamento), e os outros três, a cidade. O número de Paris é 75, e os três outros números indicam os distritos parisienses, ou *arrondissements*. Assim, 75008 indica o oitavo distrito. Incidentalmente, esse é um ótimo endereço, ficando bem na Champs-Elysées, ao pé do Arco do Triunfo.

De modo geral, o nome do destinatário deverá ser escrito por completo, sem abreviaturas, e às vezes com o sobrenome precedendo o nome. Esteja preparado para ambos.

Numa cidade pequena ou grande, a forma correta para enviar uma carta a um morador de apartamento é escrever no envelope, por exemplo, *Apartement nº 3 au troisième étage à gauche*, que significa "Apartamento nº 3 no terceiro andar à esquerda". *Gauche* é esquerda, e *droite*, direita. Em seguida, escreve-se o nome da rua, precedido pelo número, por exemplo, *8 Rue de Berri*, e o número da cidade seguido do nome. Desse modo, uma carta endereçada a uma pessoa em Paris poderia ter o seguinte aspecto:

Madame Francine Dufour
Apt 14 à gauche
8 Rue de Berri
75008 Paris Cedex
France

Cedex quer dizer *courrier d'entreprise à distribution exceptionnelle* (correio empresarial de distribuição excepcional), um serviço especial de entrega para correspondências de negócios.

Serviço de telefonia

Em 1997, o serviço de telefonia francês foi modernizado. Os números telefônicos agora têm dez dígitos, incluindo o código de área da região em que você se encontra. Assim, o código da França é 33, seguido de 1 para Paris, 2 para o oeste, 3 para o leste, 4 para o sudeste e a Córsega, e 5 para o sudoeste. Se você tiver um número de dez dígitos, não precisa adicionar nada. Se tiver um de oito dígitos, precisará adicionar o código de área (*indicatif*) da região. Dentro da França, adicione o 0 (por exemplo, 01 para Paris). Para ligar de fora da França, disque 33 (código do país) e depois o código de área sem o zero, seguido pelo número.

Para fazer ligações internacionais da França, disque 00, seguido pelo código do país da localidade para a qual está ligando.

Se você está ligando para um número gratuito (*numéro vert*), este geralmente começará com 008, e, se você está ligando para um celular, ele normalmente começará com 06.

Telefones públicos

A França tem 168 mil cabines de telefone público, suficientes até para os menores vilarejos. Para operá-las, você precisa de um *télécarte* (cartão telefônico). Não há telefones operados com moedas. É possível comprar esses cartões com cinquenta ou 120 unidades em estações do metrô, tabacarias ou quiosques, bem como em outros lugares. Procure o sinal *Télécarte en vente ici* ("Vendem--se cartões telefônicos"). Caso você precise, há instruções em inglês.

Minitel e *le web*

Os franceses são exímios conhecedores de equipamentos eletrônicos, e a comparativamente baixa adoção da internet no país foi uma surpresa para muitos. Parte da razão deve-se ao Minitel, um minicomputador instalado em repartições e unidades dos correios franceses que fornece acesso eletrônico instantâneo a uma série de serviços, como reservas de bilhetes aéreos e ferroviários, pesquisas de endereços e reservas em cinemas, teatros e restaurantes. Em 2004, os últimos Minitels foram retirados de cena e, atualmente, a internet e os telefones celulares são onipresentes.

Hoje, os franceses estão plenamente integrados ao sistema de correio eletrônico (*courrier électronique*), chamado *le mel*, e à web, conhecida como *la toile* ou *le web*. Os que navegam na web são conhecidos por *internautes* (internautas).

CONCLUSÃO

Na visão dos estrangeiros, os franceses sempre pareceram contraditórios. Durante séculos, os visitantes têm expressado a mesma ambivalente paixão e admiração, combinadas com aborrecimento e frustração. Mark Twain gracejou que "a França não tem inverno nem verão, tampouco moral. Tirando isso, é um país agradável". O viajante norte-americano John W. Forney escreveu em *Letters from Europe*, publicado em 1867, que "mudar da Inglaterra para a França é praticamente mudar de um planeta para outro".

Mas a França também é uma contradição para os próprios franceses. Reporta-se que o falecido presidente De Gaulle tenha dito: "A França não tem amigos, somente interesses". O filósofo Voltaire escreveu uma carta em 1777 em que revela que "os franceses serão sempre parcialmente tigres e parcialmente macacos". Mesmo o grande Napoleão observou que "os franceses reclamam de tudo, durante o tempo todo", mas que "é fácil governar o país pela vaidade". Esses comentários refletem o exibicionismo e o estilo dos franceses, e o cuidadoso e calculado egoísmo do povo.

Astutos viajantes que foram para a França aprenderam a adorar essa contradição e a desfrutar a beleza, a intelectualidade aguçada e o entusiasmo sensual do país e de suas principais cidades. Aquela percepção de que as regras foram feitas para ser quebradas, ou de que barreiras foram erigidas para ser derrubadas, dá uma irresistível sensação de liberdade a todos, exceto ao visitante mais conservador. Na França, a nação europeia mais formal de todas, você sente que tudo é possível. E, eventualmente, isso é verdade. Na onda internacional de eventos sob contínuas transformações, o país, como o pilar da União Europeia, continuará oferecendo uma contribuição distinta e significativa.

Recursos

Alliance Française
101 Boulevard Raspal, 75006 Paris
Tel. 01 42 84 90 00
Principal organização francesa financiada pelo Estado que se dedica ao ensino da língua e da cultura francesas.

Lions Club International
295 Rue St. Jacques, 75005 Paris
Tel. 01 46 34 14 10
Organização filantrópica e cultural patrocinadora de eventos para membros na França.

Rotary Club, Paris
40 Bd Emile Augier, 75116 Paris
Tel. 01 45 04 14 44
Organização filantrópica internacional que patrocina eventos e contatos para residentes de outros países.

WICE (Women's Institutes for Continuing Education)
20 Bd de Montparnasse, 75015 Paris
Tel. 01 45 66 75 50
Associação cultural e educacional sem fins lucrativos que fornece cursos, serviços e recursos para os membros. Serve a comunidade de língua inglesa em Paris e nos arredores.

YMCA/YWCA
33 Rue du Naples, 75008 Paris
Tel. 01 47 20 44 02
Instalações esportivas e para acomodação de residentes e visitantes de outros países. Unidades por toda a França.

Leitura recomendada

ARDAGH, John. *France in the New Century*.
Londres: Penguin Books, 2000.

ASSELIN, Gilles e MASTRON, Ruth. *Au contraire*.
Maine: US Intercultural Press, 2012.

BAILIE, Kate e SALMON, Tim. *The Rough Guide to France*.
Londres: Rough Guides, 2001.

CARROLL, Raymonde. *Cultural Misunderstandings*.
Chicago: University of Chicago Press, 1990.

COLE, Robert. *France: A Traveller's History*.
Moreton-in-Marsh: Windrush Press, 2000.

GRAY, Jeremy et al. *Lonely Planet: França*.
São Paulo: Globo Livros, 2012.

HAMPSHIRE, David. *Living and Working in France*.
Fleet: Survival Books, 2012.

JACK, Andrew. *The French Exception*.
Londres: Profile Books, 2001.

JOHNSON, Diane. *Le divorce*.
Rio de Janeiro: Record, 1999.

JOSEPH, Nadina. *Passport France*.
St. Rafael: Ten Speed Press, 2000.

KNORR, Rosanne. *The Grownup's Guide to Living in France*.
Berkeley: Ten Speed Press, 2000.

LEWIS, Richard. *When Cultures Collide*.
Londres: Nicholas Brealey Publications, 2000.

MOLE, John. *Mind Your Manners*.
Londres: Nicholas Brealey Publications, 1993.

PLATT, Polly. *French or Foe?*
Londres: Culture Crossings, 2002.

POIRIER, Agnès Catherine. *Touché*.
Londres: Orion Books, 2007.

WADHAM, Lucy. *The Secret Life of France*.
Londres: Faber and Faber, 2009.

ZELDIN, Theodore. *Os franceses*.
Rio de Janeiro: Record, 2000.

French. A Complete Course. Nova York: Living Language, 2005.

French Without the Fuss. Nova York: Living Language, 2002.

In Flight French. Nova York: Living Language, 2001.

Fodor's French for Travelers (CD). Nova York: Living Language, 2005.

Índice remissivo

Abordagem acadêmica, 43-44
Acampamento, áreas de, 121
Accueil des Villes Françaises (AVF), 70
Acomodação, 131-32
Administração, 17-18
África Ocidental imigrantes, 54, 55
África Setentrional (norte da África) imigrantes, 10, 37, 54, 59-60, 158
Agendas, 145
Água, bebendo, 116
Albergues da juventude, 120
Alemanha, 10, 14, 33-34
Almoços de negócios, 151
Alpes, 13, 120
Alsácia, 14-15, 58, 158
Amara, Fadela, 55
"Anglo-saxões", 8, 40, 51, 67, 92
Ano-Novo, 60, 61, 62-63
Antártida francesa, territórios, 13
Apéritif (aperitivo), 73, 113
Apertos de mão, 78, 139
Argélia, 13, 34-35, 54, 86, 154
Arrondissements (distritos), 17, 103, 159
Arte, 118-19
Assunção da Virgem Maria, 60, 65-66
Asterix, o Gaulês, 20
Autenticidade, 57

Banco, operações, 103-4
Banheiros, 91, 132-33
Banlieues (periferias), 54-55
Batalha de Waterloo, 23, 30
Batismo, 59
Bayrou, François, 38
Beethoven, Ludwig van, 29
Beijos, 79
Bélgica, 10, 14
Bismark, príncipe Otto von, 32
Bistrôs, 112
Bizet, Georges, 19

Bordeaux, 10, 15
Bourgeoisie (burguesia), 53-54
Brasseries, 112
Bretanha, 158
Bruni, Carla, 36

Café society, 57, 105-7
Café-tabac, 106
Calais, 23
Camarões, 13
Camboja, 34
Canal da Mancha, 46
Características, 8, 9, 68, 85, 162
Carlos X, rei, 31
Cartões de visita, 142
Casa (lar), 72-73, 77, 88-92
Casamentos, 59
Católicos romanos, 11, 23, 24, 51, 57-59
Celebrações, 50, 58, 61-67
Celtas, 19-20, 21
César, Júlio, 19, 20, 22
Chefia, 135-37
    mulheres na, 137-38
Chirac, Jacques, 36, 37, 49, 69, 100
Cidades, 10, 15
Cinema, 48, 105
Clima, 10, 15-16
Clóvis I, rei, 20, 21
Code Napoléon (Código Napoleão), 30, 38
Comida, 61, 74, 101, 102-3, 105-9, 114-15, 151
Compras, 101, 102-3
Compromissos, 139
Conselho de Segurança das Nações Unidas, 10
Contatos, fazendo, 141-43
Contradições, 45
Contratos, 139, 151
Conversas, 85-86, 152-55
Correios, 158-59
Correspondências, 138, 140, 146, 147-48
Córsega, 12, 17, 158
Costa do Marfim, 13
Côte d'Azur, 13
Cotidiano, 100-1
Creperias, 106-7
Culpa, 143, 144

Cultura, 8, 19, 40, 50, 56, 57
Cultura regional, 56
Cumprimentos, 77-78, 152

Debussy, Claude, 19
Delors, Jacques, 39
Départements (departamentos), 11, 17, 159
Départements d'Outre Mer (DOMs), 13
Descartes, René, 19, 43
Descentralização, 17, 56, 135
Descoings, Richard, 99
Desemprego, 54
Dia da Ascensão, 60, 65
Dia da Bastilha, 27, 60, 65
Dia da Vitória (Segunda Guerra Mundial), 60, 64
Dia de Todos os Santos, 60, 66, 74
Dia do Armistício, 60, 66
Dia do Trabalho, 60, 64
Dias santos, 58-59
Dias úteis, 100-1
Diferenças entre o norte e o sul, 18
Diplomacia, 143
Dirigir, 122-27
Dunquerque, evacuação de, 23

Educação (ensino), 44, 95-100, 121
Eletricidade, 11, 89
Empresas e governo, 134-35
Endereços, 159-60
Esportes, 119-20
Estados Unidos, 40-41
Estilo francês, 45-46, 69, 162
Estrasburgo, 15, 39
Etiqueta, 52-55, 72
    crianças, 68-69, 73
    hábitos sociais, 77-81
    refeições, 74-76, 114
Étnica, composição, 10
Excursionistas, 71
Exterior, viagens ao, 133

Família, 50-52, 59, 92-97, 153

Índice remissivo

Fazendo amigos
 arte da conversação, 85-
  -86
 conhecendo franceses,
  70-72
 conhecendo imigrantes,
  70
 convites para visitar
  casas, 72-77
 hábitos sociais, 77-81
 língua, 81-84
 olhar frio, 69
Fazendo contatos, 138-39
Feriados, 60-61
Feriados nacionais, 60
Ferrovias, 46-47, 127-31
Francofonia, 46, 50
Francos, 20, 21
Franklin, Benjamin, 40-41
Frente Nacional, 36, 38, 55
Fumar, 76

Gauleses, 19
Gaulle, Charles de, 33, 34-
 -35, 37, 162
Geografia, 10, 12-18
Gesticulação, 85, 155, 156
Giscard d'Estaing, Valéry,
 36
Gîtes (casas de campo
 rústicas), 132
Globalização, 41, 148, 154
Gorjetas, 117
Governo, 11, 37-39
 empresas e, 134-35
Grandes Écoles (Grandes
 Universidades), 30, 36,
 97-99, 135, 136
Grands spectacles (grandes
 eventos), 104
Guadalupe, 13, 17
Guerra da Independência
 Americana, 19, 24
Guerra dos Cem Anos, 22-
 -23
Guerra dos Sete Anos, 23
Guiana Francesa, 13, 17
Guilherme, duque da
 Normandia, 22

Hábitos sociais, 77-81
Halloween, 66
Henrique IV, rei, 24

Hierarquia
 nas empresas, 136
 nas famílias, 93-94
Hino nacional, 65
História, 19-37
 catolicismo e
  protestantismo, 23-25
 Comuna de Paris, 32-33
 de Clóvis a Carlos
  Magno, 20-22
 descolonização, 34-37,
  86
 Guerra dos Cem Anos,
  22-23
 guerras mundiais, 33-34
 huguenotes, 24-25
 Império Napoleônico,
  28-31
 monarquia Bourbon,
  25-26
 Revolução Francesa, 26-
  -28
 rivalidade franco-
  -britânica, 22-23
 romanos, 19-20
 Segundo Império
  Napoleônico, 31-32
Hitler, Adolf, 33
Hollande, François, 36, 38
Horários, adequação, 74,
 144
Hotéis, 131-32
Huguenotes, 24-25
Humor, 45, 85, 154

Identidade nacional, senso
 de, 8
Igreja e Estado, 57-59
Igrejas, visitação, 118
Ilegitimidade, 51, 93
Ilha da Reunião, 13, 17
Ilhas Wallis e Futuna, 13
Imigração, 10, 37, 54, 55,
 158
Imigrantes, conhecendo,
 70
Indochina, 13, 34, 154
Internet, 161-62
 domínio, 11
Intranquilidade social, 54
Islamismo, 59-60
Itália, 10, 14

Jefferson, Thomas, 41
Joana d'Arc, 23
Joly, Eva, 38
Jospin, Lionel, 37
Judeus, 11, 58
Jura, 13, 14

Kennedy, Jackie, 41

Lagarde, Christine, 39
Laos, 13, 34
Le Nôtre, 44
Le Pen, Jean-Marie, 36, 38
Lei Sálica, 21-22
Lei Toubon, 48
Lille, 10
Língua, 8, 10, 19, 20, 34,
 47-51, 81-84, 147
 aprendizado, 69-70, 81-
  -83
 la langue franglaise (a
  língua franco-
  -inglesa), 48, 157
 regional, 56-57, 158
Linguagem corporal, 155
Literatura, 49
Loire, região do, 14
Luís Felipe, rei, 31
Luís XIV, rei, 24, 25, 32
Luís XV, rei, 25-26
Luís XVI, rei, 26, 27, 109
Luís XVII, rei, 26
Luxemburgo, 10, 14
Lyon, 10, 15

Magno, Carlos, 21, 22, 29
Malraux, André, 49
Mansões grandiosas, 119
Maria Antonieta, 26
Marrocos, 13, 54
Marselha, 10, 15
Martelo, Carlos, 21
Martinica, 13, 17
Matisse, Henri, 19
Maximiliano, imperador
 do México, 32
Mayotte, 13
Mélenchon, Jean-Luc, 38
Mercados, 103
Metrô, 128-30
*Metropole vs. La France
 profonde*, 18
Minitel, 161

Minoria basca, 10
Mistral, 16-17
Mitterrand, François, 35-36, 51, 69, 109
Moeda, 10, 17, 39
Monet, Claude, 40
Monnet, Jean, 39
Muçulmanos, 11, 55, 58, 59-60
Mulheres no comando, 137-38
Museus, 117-18, 119

Nantes, decreto de, 24
Napoleão III, imperador, 31-32
Napoleão Bonaparte, 23, 28-30, 31, 58, 162
Natal, 60, 61-62, 67
    presentes de, 61-62
"Natureza francesa", 46-50
Negociações, 148
Negócios, formalidade nos, 139-40
Nelson, almirante Lord, 29
Normandia, desembarques na, 33, 40
Nova Caledônia, 13

Office de Tourisme
    (Departamento de Turismo), 59
Ônibus, 130
Ópera, 117
Otan, 10, 39

Pais solteiros, famílias de, 93
Paris, 10, 15
    Ano-Novo, 63
    Arco do Triunfo, 66
    bancos, 103-4
    Beaubourg, 46
    Centro Pompidou, 35
    Comédie Française (teatro), 25
    dirigindo em, 124-25
    Louvre, 44, 46
    mercados, 103

Pascal, Blaise, 19
Páscoa, 60, 64
Pentecostes, 60, 65
Pepino, o Breve, 21
Perguntas, cultura de, 42
Pétain, marechal, 33, 87
Pio VII, papa, 29, 58
Piqueniques, 121
Pirineus, 11, 14, 120
Polinésia Francesa, 13
Pompadour, madame de, 26
Pompidou, Georges, 35
População, 10, 12, 54
Prazos, 145
Presentear as pessoas, 74
Primeira Comunhão, 59
Primeira Guerra Mundial, 33, 40, 66
Privacidade, 73, 86, 91-92, 153
Privatização, 135
Protestantes, 11, 24-25, 58

Racismo, 55, 86
Rádio, 11, 48
Refeições fora
    de negócios, 151
    Ver também Restaurantes
Religião, 11, 23-25, 57-60, 154
Renoir, Pierre-Auguste, 19
Restaurantes, 108-9, 111-12
    almoço e jantar, 113-17
Reuniões, marcando, 145
Revolução Francesa, 8, 17, 26-30, 53, 65, 109
Richelieu, cardeal, 47
Rios, 14-15
Rivalidade entre França e Inglaterra, 22-23
Robespierre, Maximilien de, 28
Romanos, 19-20, 21
Rousseau, Jean-Jacques, 19

Saint-Pierre e Miquelon, 13
Sarkozy, Nicolas, 15, 36, 38, 55, 99

Sartre, Jean-Paul, 19
Segunda casa, 56, 90
Segunda Guerra Mundial, 23, 33-34, 40, 64, 86, 87, 154
Senegal, 13
Serviço militar, 100
Sexo, 51, 94-95
Sorrir, 69, 155
Strauss-Kahn, Dominique, 39
Suíça, 10, 14, 15
Syndicat d'Initiative (Centro de Informação), 59, 120
Système D (Sistema D), 140

Telefone, 11, 160-61
Televisão, 11, 49
Territoires d'Outre Mer (TOMs), 13
Toulouse, 10, 15
Transportes, 56
Tu ou vous, 79
Tunísia, 13, 54

U3A (Universidade da Terceira Idade), 121
União Europeia, 10, 13, 39, 135, 163
    cidadãos, 10, 13

Versalhes, 25, 32, 33, 44
Véspera de Dia de Reis, 63
Vestimenta, 45-46, 52, 79-80, 101, 138, 139, 150
Vichy, governo em, 33, 87
Vietnã, 13, 34, 37
Vinho, 74, 75, 76, 110-11, 116
Visitas às casas, 72-77
Vivendi Universal, 41
Voltaire, 19, 162

Web, 162
Wellington, duque de, 30
Wilson, Hal, 87

Zona do Euro, 39